Stahn
Das Nikolaiviertel

DAS NIKOLAIVIERTEL

Text Günter Stahn
Farbfotos Manfred Paul

Verlag für Bauwesen · Berlin

INHALT

GELEITWORT

Die Öffnung der Berliner Mauer bringt den Bewohnern zum ersten Mal seit Jahrzehnten die Stadt wieder in ihrer gesamten Dimension ins Bewußtsein, der Bezirk Mitte wird auch für den Westteil wieder zur Mitte, und was „Innerstädtische Peripherie" war, wird wieder zum Zentrum. Bedingt durch geologische und geographische Voraussetzungen, durch früh entstandene und sich kontinuierlich neuen Bedürfnissen anpassende Verkehrswege, politischen Willen, ökonomische Zwänge und soziale Anforderungen ist die Stadt als ein komplizierter Organismus gewachsener und geplanter Strukturen verständlich. Willkürlich Getrenntes muß nun wieder zusammengeführt werden, städtebauliche Planungen müssen auf ihre Gültigkeit geprüft werden, gemeinsame Stadtplanung muß die neu entstehenden großen Anforderungen in für die Gesamtheit sinnvolle Bahnen lenken.

Doch wird auch bewußt, daß die Vielzahl der Viertel mit ihrem jeweils eigenen Charakter dem einzelnen Bewohner die Stadt kaum als Ganzes erfahrbar machen. Er wird vielmehr eine Vertrautheit mit seinem Wohn- und Arbeitsquartier entwickeln. Stellvertretend für das Ganze müssen jedoch einzelne Bauwerke und herausragende städtebauliche Ensembles stehen, Gebäude, die von der Vergangenheit erzählen, Plätze, die als Begegnungsort Einheimischen und Fremden gleichermaßen vertraut sind, weil sie symbolisch die Stadt repräsentieren. Der Keimzelle Berlins, dem Ort frühester Besiedlung, kommt dabei eine hervorragende Bedeutung zu.

Nun ist die Berliner Stadtgeschichte in besonderem Maße durch Zerstörung und Veränderung bestimmt. Fast scheint es, als sei der Wunsch nach ständig Neuem ein Charakteristikum. Die enormen Wunden, die der letzte Weltkrieg der Stadt zufügte, wurden vielfach nicht geheilt, sondern durch massiven Abriß sollte die Voraussetzung für etwas von der Vergangenheit Gelöstes geschaffen werden, in dem irrigen Glauben, damit nach dem moralischen Zusammenbruch durch den Nationalsozialismus auch einen geistigen Neuanfang zu leisten. Nicht nur Gebäude wurden geopfert, auch wesentliche Teile des Stadtgrundrisses wurden zerstört. Im Westen verhinderten pragmatische Gründe einige der radikalsten Straßenplanungen. Im Osten wurde, im Glauben an einen ständig wachsenden Individualverkehr, aber auch an eine, die Gesellschaft verbessernde Ideologie, besonders das älteste Stadtgebiet konsequent verändert.

Als 1979 ein städtebaulicher Wettbewerb für den Wiederaufbau des Nikolaiviertels vom Magistrat ausgelobt wurde, waren die Fehler der Vergangenheit offenkundig. Der erste Preis, der längst realisiert in diesem Buch vorgeführt wird, ging an den Architekten Günter Stahn. Die Idee, möglichst viel noch vorhandener Straßen und Gebäudereste zu erhalten, Zerstörtes teilweise wieder aufzubauen, alte, noch in der Erinnerung weiterlebende Häuser wieder zu rekonstruieren und die notwendigen neuen Gebäude der Architektur und Maßstäblichkeit des alten Berlins anzulehnen, bedeutete in der DDR einen Bruch mit der bis dahin geübten Praxis. Die Urbanität der Vergangenheit zum Vorbild für die Gegenwart zu nehmen spiegelt gleichzeitig auch ein neues Geschichtsbewußtsein und den Abschied vom Glauben an die Utopie einer neuen Gesellschaft, die ohne Verwurzelung in der Vergangenheit auskommt. Die Rückführung des Denkmals Friedrichs des Großen auf das Forum Friederizianum 1980 symbolisiert gleichsam diese Wandlung.

Die als Ruine erhaltene Nikolaikirche, die älteste Pfarrkirche Berlins, sollte wieder aufgebaut werden und mit ihr ein Stadtviertel, das in seiner Maßstäblichkeit der Geschichte des Ortes entspricht. Damit setzt sich die Planung in Gegensatz zu einer Fülle von Beispielen des Wiederaufbaus im Osten und Westen Deutschlands, in denen getreu rekonstruierte historische Bauwerke in Diskrepanz zu einer störenden Umgebung stehen, da die Bildung eines baulichen Zusammenhanges mit der Umgebung nicht geleistet wurde, statt dessen jedoch Straßen und Neubauten eine völlig andere Dimension zugrunde liegt. Architektur sollte jedoch nicht im Dienst von einseitiger Technikgläubigkeit und Ideologie stehen, sondern den Bedürfnissen und Wünschen der Menschen dienen. Diesem Anspruch genügt das Nikolaiviertel und ist somit, trotz aller Unterwerfungen unter die Zwänge eines planwirtschaftlichen, industriellen Bauwesens, ein wichtiger Schritt in der Entwicklung der Stadt. In ihm ist etwas von dem alten Berlin zurückgewonnen, und es ist gut, daß es bei den zu erwartenden Veränderungen und dem Wachsen der Millionenstadt diese Keimzelle gibt.

Prof. Dr. Christoph Stölzl
Deutsches Historisches Museum
Generaldirektor

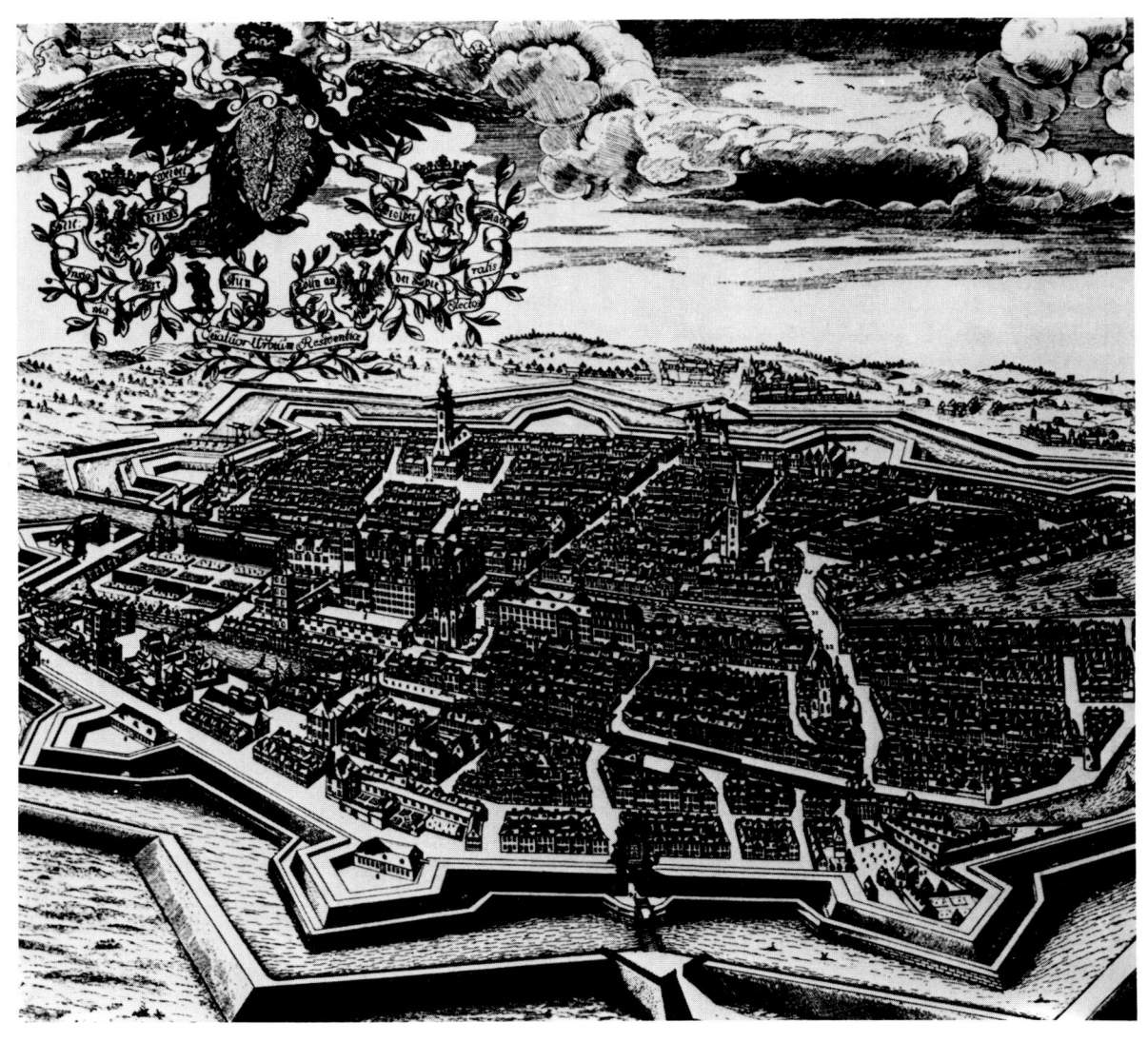

*Ausschnitt der perspektivischen Ansicht von Berlin
Dreiteiliger Kupferstich von J. B. Schultz 1688
Im rechten Drittel die von der Mühlendammbrücke verbundenen Märkte
von Berlin und Cölln*

Die historische Stadtgestalt als Ausgang

Das gebaute Antlitz

Der Aufbruch des Volkes vermittelt Hoffnung auf die Rettung unserer historischen Altstädte. Aus neuem Denken erwachsendes Stadtbewußtsein und Geschichtsverständnis, das die Fehlplanungen infolge grundlegender politischer Irrtümer stoppt, vermeidet den weiteren Verlust unersetzlicher kultureller Werte. Neugewonnene demokratische Freiheiten lenken den kritischen Blick auf die ungeteilte, auf die ganze Stadt Berlin mit ihren gewachsenen strukturellen Zusammenhängen und einzigartigen Ensembles historischer Stadtbaukunst. Als Bedeutungsträger unserer Geschichte und Kultur sind sie Ausgangspunkt für die Stadtgestalt einer künftigen europäischen Metropole.

Die Wirkung lebendiger räumlicher Gestaltung mit ihren Gesetzmäßigkeiten und Gestaltungsmöglichkeiten in den überlieferten Stadtkernen besteht in der Übermittlung einer Vielfalt räumlicher und körperhafter Erlebnisse, die für das heutige Bauen eine Orientierungshilfe sein können, aus der lebensfähiges Neues entsteht. Architektur ist die künstlerisch wirksame Form der gebauten räumlichen Umwelt des Menschen. Zugleich verkörpert sie das Verhältnis des Menschen zu der von ihm geschaffenen Umwelt. In das Wesen der Struktur einer Stadt einzudringen erfordert die Kenntnis ihres geschichtlichen Werdens sowie der sich mit ihr verbindenden zweckbestimmten und sinngebenden Aufgaben im Prozeß ihrer Entwicklung. Dieser städtebauliche Entwicklungsprozeß ist gebunden an Übereinkunft und Konvention, an Einklang von Wesen und Erscheinung, an Harmonie in der Vielfalt. Wenn bauliche und räumliche Gestaltung diesem humanistischen Anspruch gerecht werden sollen, ist es nötig, über alle praktische Zweckerfüllung hinaus im Rahmen eines kulturellen Wertgefüges Gedanken und Empfindungen einzubringen, so daß ihre „Botschaft" lesbar, fühlbar, nachempfindbar wird. Baukünstlerische Wirkung schult Gespür, Auge und Ohr, gestaltet unsere Sinne zu einem Empfänger, fördert Sensibilität. Baukunst und Stadtgestaltung an solcher, auf den Menschen bezogenen Sinngebung zu gründen, macht ihren humanistischen Charakter aus, der in Maß und Proportion, in Licht, Farbe, Struktur und Poesie seinen lebendigen Ausdruck findet. Jede, auch die kleinste Bauaufgabe ist eine Chance, ist Anlaß, diesen Anspruch geltend zu machen. Neues Bauen zu kultivieren verpflichtet zur Wiederentdeckung und Weiterentwicklung der Gesetzmäßigkeiten der historischen Stadt.

Diese Herausforderung, die eine Kenntnis der Zusammenhänge und ihre Bewertung voraussetzt, soll durch die vorliegende Publikation gefördert und unterstützt und mit künstlerischen

Mitteln der Bau- und Raumgestaltung geordnet werden.

Mit Beginn der Vorbereitungsarbeiten für den Wiederaufbau des Nikolaiviertels in Berlin – benannt nach der als Zeugnis der Stadtgründung im 13. Jahrhundert errichteten und heute wieder aufgebauten Nikolaikirche – war es erforderlich, im Rahmen der städtebaulichen Konzeption eine historisch fundierte Untersuchung – eingegrenzt auf den Gegenstand der Aufgabe – vorzunehmen. Die Analyse und Darstellung des im historischen Prozeß der Stadtentwicklung entstandenen Raumgefüges bildete einen wesentlichen Ausgangspunkt. Es galt, bei der neuzuschaffenden Gliederung und Gestaltung der Gründungsstätte Berlins zugleich ihre Wechselwirkung zu den angrenzenden städtebaulichen Räumen mit deren Aufgaben und maßstäblichen Bezügen auszuprägen. Im Mittelpunkt der schöpferischen

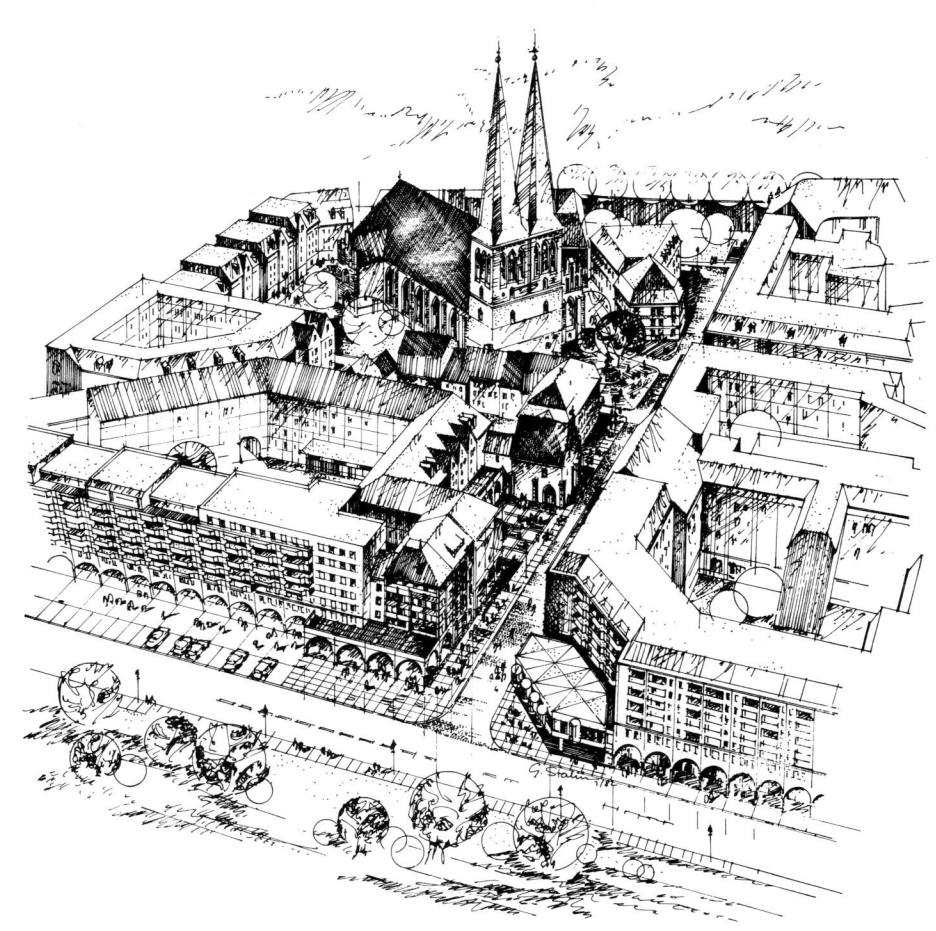

*Übersichtsplan
(Federzeichnung
des Autors)*

12

Überlegungen stand die Aufgabe, gestützt auf die historische Entwicklung dieser Kulturlandschaft mit ihrer baulich-räumlichen Substanz und dem Wissen um die heutigen Anforderungen an einen städtischen Zentrumsbereich, einen sinnvollen Lösungsvorschlag zu entwickeln. Er sollte den Bezug zum Gründungsort mit dem Anspruch einer aktivierten Stadtmitte nahtlos verbinden. Ausgehend von der Gestaltung des Ensembles, wurde besonders darauf geachtet, den Eigenwert der historischen und der neu geplanten Substanz zu akzentuieren und die räumliche Ordnung und die maßstäblichen Beziehungen untereinander sowie zu den großen Baudenkmälern zu entwickeln.

Architektur und Städtebau finden in dem Maß zunehmend jenes öffentliche Gewicht, wie es gelingt, lebendige Bezüge herzustellen, „Steine zum Reden zu bringen". Es ist die große Verantwortung, dem verstärkt spürbaren Bedürfnis nach Unverwechselbarkeit und Schönheit aus dem Wesen, dem Wesentlichen einer Bauaufgabe abgeleitet, schöpferischen Ausdruck zu verleihen. Diese Herausforderung erfordert eine umfassende Kenntnis der Geschichte des Ortes, Erfahrungen aus der Begegnung mit den Schöpfungen gebauter Kultur und kreatives Prüfen und Wählen der Gestaltungsmittel nach ihren Wirkungen und Gesetzen.

KONVENTIONEN DES ORTES

Stadtwerdung, Stadtentwicklung und Stadterneuerung sind gebunden an den Standort, den Ort mit seinem spezifischen Charakter, seiner Bestimmung und räumlichen Struktur. Bauen am Gründungsort Berlins verpflichtete zum Respekt vor seinen historisch bestimmten Werten als verbindende Übereinkunft. Diese Sinngebung ist nicht an nostalgisch-oberflächliche Motive gebunden. Im Mittelpunkt schöpferi-

scher Überlegungen stand die Synthese von Ort, Bau und Raum als Bedeutungsträger und als Gegenstand sozialer Verpflichtung. Die Kultur der schöpferischen Leistungen früherer Generationen birgt die Verpflichtung, Neues zu entwickeln und zu pflegen. Es fördert in besonderem Maß die Besinnung auf oft schon verschüttete Werte, auf eine begründete Differenziertheit von Körper und Raum in harmonischer Übereinkunft.

So finden sich in der Stadt- und Baugeschichte bedeutungsvolle Ausgangspunkte im Sinne einer auf die Zukunft orientierten kreativen Anschauung. Sensibler erfolgt der Umgang mit dem Material in seiner werkgerechten Verarbeitung im Blick auf charakteristische Wirkungen. Neue Häuser in Kontext zur historischen Stadt entwickeln einen eigenständigen Beitrag im Rahmen überlieferter Maßstäbe, Gliederungen, Proportionen und sorgfältiger Details.

Bauwerke und räumliche Situationen sind das Ergebnis sich wandelnder Entwicklungsprozesse, und ihre neuerliche Ausformung ist nicht nur die Wiedergewinnung eines historischen Momentes. Ihr Erscheinungsbild verkörpert mitunter auch spätere Veränderungen, die über den einheitlich konzipierten ursprünglichen Zustand hinausgehen und das Authentische schöpferisch ohne Beeinträchtigung weiterführen können. In diesem Sinne eingebunden ist in das Bewahren städtebaulicher Ensembles das Selbstverständlich-Alltägliche und seine sinnvolle Nutzung für gegenwärtige Aufgaben.

Eine solche städtische Kultur des Zusammenlebens ist bestimmt von räumlicher Geborgenheit, Überschaubarkeit in der Wahrnehmung und gegenseitiger Respektierung der gebauten Ausdrucksformen. Sie erfordert geschichtliche Kenntnisse und die Fähigkeit, die städtebaulich-architektonischen Kriterien in einer produktiven Auseinandersetzung mit überlieferten Strukturen zum Ausgangspunkt der auf gestalterischer Einheit gerichteten Überlegungen zu wählen. Sie wird auf diese Weise zum Ausgangspunkt für eine behutsame, begründete, kontinuierliche Weiterentwicklung der Architektursprache. Überzeugende Ergebnisse finden sich dort, wo mit der Erhaltung der historischen Stadtgrundrisse Charakteristisches gewahrt wird, struktursichernde Nutzungen mit übergroßem Volumen vermieden werden und der qualitätsgerechte Materialeinsatz einem natürlichen Alterungsprozeß nicht entgegenwirkt. Auf diese Weise stehen sie im natürlichen Werdegang einer dynamischen Stadtentwicklung, ihren geschichtlichen Bezügen und künftigen Veränderungen.

Das Prinzip „Stadt"

Beginnen wir zunächst über das Phänomen „Stadt" nachzudenken; über das Bild der Stadt Berlin mit ihrer lebendigen städtebaulichen Raumbildung, über Geschichte als wiedergewonnenen Ausgangspunkt für Stadtkultur und Stadtbewußtsein sowie über die verbliebenen verbrieften Spuren ihrer einstmaligen Entwicklung.

Im Prozeß der Ausbildung eines Netzes von Handelswegen, das ganz Mitteleuropa überzieht, entsteht an markanter Stelle in der Landschaft, an der Kreuzung von Fernhandelsstraße und Wasserweg ein Stützpunkt zum Übernachten – Kristallisationspunkt einer vorstädtischen Siedlung, die sich bis heute aus der Zwiesprache zwischen der Stadt und den natürlichen Bedingungen ihre prägende Einmaligkeit bewahrt hat. Sie spiegelt zugleich die gesellschaftlichen Kräfte wider, die die Entstehung und Entwicklung Berlins in einem durchaus widersprüchlichen Prozeß beeinflußten. Herrenhaus, Pfarre, Markt, Bürgerhäuser, Scharren, Gerichtslaube, Rathaus, Roland und Befestigungen in mannigfacher Vielfalt der

Konstruktionen und Formen fügten sich ein in ihrer Rang- und Reihenfolge und bildeten ein in sich geordnetes Ganzes. Das orthogonale Grundmuster mittelalterlicher Kolonialgründungen wirkt noch heute in den überlieferten Stadtgrundrissen unverändert – oft bis hin zur Parzellenaufteilung. Die Städte waren Wirtschaftszentren. Kaufleute vereinigten sich zu Gilden und bildeten das ratsfähige Patriziat. Handwerker schlossen sich zu Zünften in festgefügter ständischer Ordnung zusammen. Was ist das Wesen dieses Vorgangs mittelalterlicher Städtebildung, die das mitteleuropäische Städtenetz planmäßig ausbreitet?

In der Sprache heutiger Regionalplanung war das Prinzip „Stadt" gebunden an eine standortbezogene Ausstattung mit Privilegien und einem Spielraum von rechtlich bestimmten Handelsmöglichkeiten, die den feudalen Gründern Stabilität und Konsolidierung ihres Rechtsanspruches sowie gesicherte Einkünfte, den Bürgern individuelle Freiheit und soziale Sicherheit aus dem Gewinn eigener gewerblicher Arbeit bot. Städtische Attraktivität vermehrte sich mit dem Zuwachs an Gelegenheiten, dem Kauf hoheitlicher Privilegien, wie dem Marktrecht, dem Münzrecht, der Gerichtsbarkeit, dem Recht auf Bündnisschließung, denen die adäquaten Bauaufgaben, wie Markt, Gerichtslaube, Befestigung und Münze, in eigener Formenvielfalt mit hoher Gestaltungsqualität entsprachen.

„Stadtluft macht frei" war ein Privileg, eine Chance, die die Menschen in die Stadt rief und nach Jahresfrist jeden Rechtsanspruch Dritter auf sie ausschloß – eine Freiheit, die eingebunden war in ständisch gegliederte Stadtbürgerschaft und zugleich durch diese eingeschränkt wurde. Die städtischen Mittelschichten, die Handwerker, besaßen das Bürgerrecht, waren aber von der Stadtregierung ausgeschlossen. Lohnknechten und Tagelöhnern wurde das Bürgerrecht nur eingeschränkt zugestanden.

Rechtlich von Bedeutung ist, daß die Parzelle – der städtische Grund und Boden – Eigentum des „Grundherrn" blieb und nur sehr geringer Jahreszins zu zahlen war. Das Charakteristische am Stadthaus der Bürger war also, daß es deren Eigentum bildete und somit jegliche Bodenspekulation ausschloß. Es mag zu Beginn der Stadtwerdung von bescheidener Gestalt gewesen sein, zur Sicherung elementarer Lebensbedürfnisse – so, wie bis auf den heutigen Tag Stadtgründungen ihr eigenes Erscheinungsbild besitzen. Aber es steht in der Ordnung, der ständischen Ordnung der mittelalterlichen Stadt. Es ist ein Typ, der durch Parzellengröße, Geschoßzahl, Giebelstellung, Dachneigung und Materialwahl bestimmt ist. Erst nach den großen Stadtbränden wurde der Giebelbau durch die traufständigen Gebäude mit ihren Brandmauern abgelöst, die eine Ausweitung der Flammen aufhalten sollten. Damit ging ein wesentliches Prinzip der Personifizierung der Bürgerhäuser verloren, die überlieferte Möglichkeit individueller Gestalt wurde eingeschränkt.

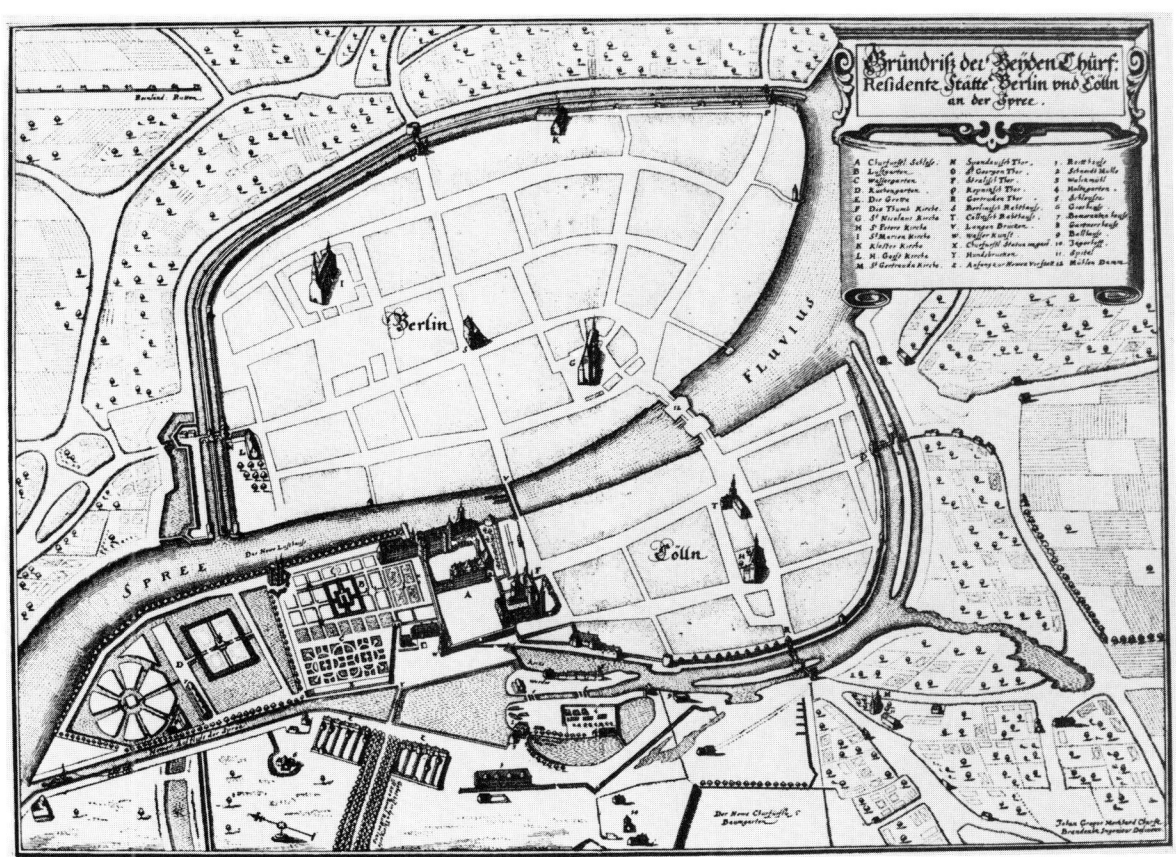

Ältester Plan von Berlin von J. Gr. Memhardt um 1653, etwa 450 Jahre nach der Stadtgründung

15

Eine kritische und rationale Rekonstruktion der Stadt im Dialog zwischen Tradition und Gegenwart, das Verständnis für die Stellenwerte der einzelnen Bauaufgaben und eine sich daraus ableitende „Grammatik" der Baugestaltung bestimmen Vielfalt und Differenzierung des Stadtkörpers. Aus der Bedeutung und dem Anlaß der Bauaufgabe entstehen Gestaltungsschwerpunkte, die nach dem Prinzip des Kontrapunktes Gegengewichte schaffen. Schrittweise wird ein städtebauliches Spannungsfeld geformt, daß sich aus dem sozialen Spannungsfeld ableitet und dieses widerspiegelt. Ein solches hoch entwickeltes Einfühlungsvermögen und Gestaltverständnis verdeutlichen, wo wir heute im Denken stehen, alles über das Zweckmäßige hinausgehende oft nur durch Zweckmäßigkeit motivieren zu wollen. Einheit in der Vielfalt und Differenzierung in der Wahl der Mittel verhalfen dem Haus zu einer Individualität, die etwas mitzuteilen wußte über die Persönlichkeit seines Erbauers und dessen gesellschaftliche Stellung.

Die Wohnhäuser wurden in Holz errichtet, mit dem Giebel zur Straße – etwa vom Typ des wieder aufgebauten Gasthauses „Zum Nußbaum", wie er uns dokumentarisch in Fotos überliefert ist. Berlin besaß rund 1000 Häuser dieser Art, Cölln etwa 500. Sie standen um den Sakralbau, der mit den niederen Dächern der Seitenschiffe und den Portalen den Maßstab der Wohngebäude aufnahm und sie mit dem Turm, dem Hoch- und Querschiff mit großer Fernwirkung in der Stadtsilhouette bekrönte.

Die Zerstörung dieses städtebaulichen Zusammenhangs durch „Freilegungen" reicht vom 19. Jahrhundert bis in die Gegenwart. Beim Wiederaufbau und der Neugestaltung historischer Stadtkerne war die Einfügung der Pfarrkirchen in einer im Maßstab und Charakter geschlossenen Bebauung ein grundlegendes Gestaltungsprinzip. Das galt auch für die Umbauung der Nikolaikirche mit ihrer sie umgebenden Raumfolge, die weitgehend realisiert werden konnte.

Als Lebensnerv vielgestaltiger wirtschaftlicher Entwicklungen bildete sich in einer frühen Phase der Stadtwerdung der Markt als Rückgrat städtischen Lebens heraus. Er war der Wohnsitz erfolgreicher Fernhändler und entwickelte sich zum Handels- und Umschlagplatz für Nahrungsmittel, Rohstoffe und Luxusgüter. Die Kaufmannschaft bildete das ratsfähige Patriziat – die angesehendsten Bürger, die sich anschickten, als Kulturträger und Auftraggeber mit ihren Wohn- und Geschäftshäusern stadtbildprägend zu wirken. Zu den Ratsgeschlechtern in Berlin zählten die Beelitz, Blankenfelde, Ryke und Rode. Dabei war die Stadt des Mittelalters keinesfalls eine Idylle; Angst und Sorge vor kriegerischen Auseinandersetzungen waren an der Tagesordnung, Pest und Feuer, unzulässige Hygiene und Mangelkrankheiten sowie damit verbunden eine geringe Lebenserwartung prägten den Alltag.

DAS STADTBILD IM DIALOG

Die Nachzeichnung der Erinnerungsspuren, die Berücksichtigung neuer Bedingungen, die harmonische Einheit des Fortschrittlichen in der Stadtentwicklung mit den heutigen Bauaufgaben prägen das Bild der Stadt.

Welchen Rang städtebauliche Leitbilder noch heute besitzen, zeigt sich auch an der planmäßigen Wiedergewinnung des historischen Stadtkerns von Berlin. Eine Vielzahl städtebaulicher und struktureller Ziele wurden zu einer Gesamtplanung konzipiert und im Rahmen eines einheitlichen Bauvorgangs Schritt für Schritt zu einem alltäglichen Bestandteil des Antlitzes der Stadt entwickelt. Die Anerkennung und Zustimmung vieler Bürger und Besucher

Perspektivische Ansicht (Federzeichnung des Autors)

Berlins für dieses, in seiner Art charakteristische Ensemble belegen ein über distanziertes Beobachten hinausgehendes Beteiligt- und Betroffensein, das den Dialog im Sinne eines entwickelten Stadtbewußtseins anregt.

Bei sorgfältiger Beachtung dieses historischen Stadtgrundrisses wurde eine Reihe begründeter Veränderungen vorgenommen. Es konnte nicht das Ziel sein, historische Stilformen zu kopieren oder eine mittelalterliche Stadt zu bauen. Die Ausdrucksmöglichkeiten überlieferter Stadtkultur mit unserem heutigen Formenvokabular zu gestalten schafft jene Sensibilität, Kontinuität und Beständigkeit, für die die vielschichtigen Qualitäten der Stadtgestalt im Rahmen künftiger Entwicklungen weiter auszuprägen sind.

Die Nikolaikirche mit der sie umgebenden Raumfolge bildete mit ihren Bau- und Raumqualitäten den Ausgangspunkt für das zu bewahrende Erscheinungsbild des Raumgefüges. Baukunst und Baukultur nachhaltig zu fördern, führen folgerichtig zur Fragestellung nach den Grundregeln des Städtebaus und seinen zeitlosen Gesetzen, nach Maßstäben im Ganzen und im Detail. Das Bild der Stadt lebt von charakteristischen, sorgfältig ausgeprägten, unverwechselbaren Lösungen verschiedener Epochen und persönlicher Handschriften. Die Gestalt der Gebäude, die die Straßen und Plätze

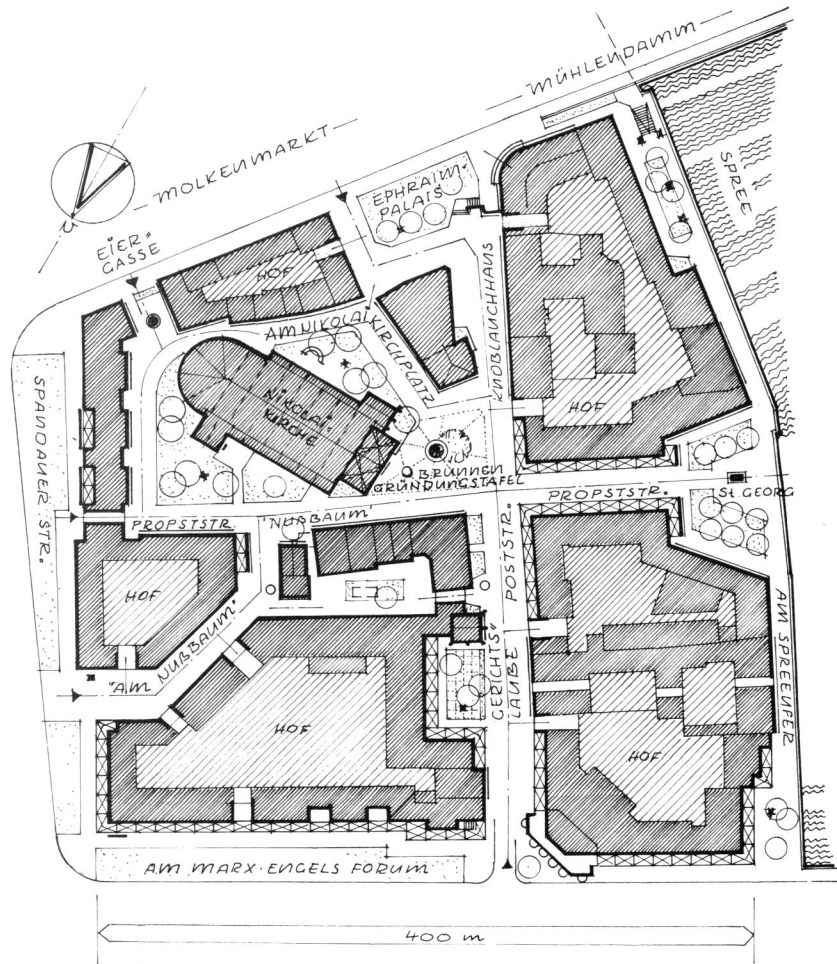

Übersichtsplan
der Ausgangssituation
(Federzeichnung des Autors)

begrenzen, bilden den Grundbaustein der Stadt. Aber nicht das einzelne Haus, sondern die Wiedergewinnung des räumlichen Zusammenhangs ist das Ziel und begründete die städtebauliche Qualität des Nikolaiviertels. Der Stadtgrundriß der historischen Stadt wird als Zeugnis lebendiger mittelalterlicher Stadtbaukunst erkannt, bewahrt und mit künstlerischen Mitteln der Bau- und Raumgestaltung geordnet.

Bei dessen Beachtung wurden begründete Veränderungen vorgenommen. Die Bauaufgabe, bei deren Lösung Rücksichtnahme auf Überliefertes, auf unverwechselbare zeitgenössische Formen und Bezüge zu üben war, wurde mit den Mitteln des industriellen Bauens modifiziert und bildet heute eine wertvolle Anregung und Erfahrung für das Problem des Bauens in historischer Umgebung. Ziegeldächer, Pflasterstrukturen und getönte Putzflächen

18

stehen für diese auf die Geschichte des Ortes bezogene Einbindung und Maßstäblichkeit, Toleranz und Humanität ebenso wie strukturierte Betonwerksteinplatten, Glas und eloxiertes Aluminium in ihren Proportionen und Gliederungen. Zeitgenössisches, aus der Auseinandersetzung mit dem Überlieferten abgeleitet und an neue Aufgabenstellungen entwickelt, weist auf eine Gratwanderung, die sich an eine künstlerisch anspruchsvolle Architektur orientiert.

All das, was sich im Nikolaiviertel von bisheriger routinierter Praxis des Bauens abhebt, ist das Ergebnis widersprüchlicher Auseinandersetzungen. Neben der naheliegenden Besinnung auf die Gesetzmäßigkeiten historischen Städtebaus war es unverzichtbar, auf die Berücksichtigung heutiger Grundsätze der Stadtentwicklung hinzuwirken; eine kritische Position, die auf einer rationalen Auseinandersetzung mit dem Überlieferten ruht und ihr Zukunft einräumt.

So entstand ein Ensemble zeitgenössischer Prägung, das in den Wohnverhältnissen, in den Gaststätten und Geschäften sowie den Kultureinrichtungen Geschichtlichkeit respektiert und in heutige und künftige städtebauliche Leitbilder mündet.

AUCH VERGANGENHEIT IST UNSERE ZUKUNFT

Bauen muß mehr sein als reine Bedarfserfüllung. Es gewinnt seine Bedeutung als Baukultur im Prozeß der gesellschaftlichen Entwicklung und prägt heute Individualität und Ensemblecharakter bei der städtebaulichen Neuordnung unter dem Gesichtspunkt eines entwickelten Geschichtsbewußtseins. Die Auseinandersetzung mit dem Werden und Wachsen der Stadt ist zugleich kritische Aneignung ihrer gebauten Geschichte. Es ist keine in allen Einzelheiten unveränderte Wiederherstellung, sondern ein Versuch gebauter Erinnerung. Das Bemühen, die Sprache der überlieferten Stadt mit unseren Gestaltungsmöglichkeiten neu zu artikulieren, erfordert, nach den Grundsätzen des Städtebaus, seine Bauformen und Maßstäbe in der Gesamtheit sowie im Detail zu erfragen. Architektur im Sinne einer harmonischen Zuordnung oder Einfügung ermöglicht Ensemblepflege, auch wenn eine vordergründige Selbstdarstellung oder jene sogenannte moderne „Ehrlichkeit" ausgeschlossen sind. Historische Stadtkerne eignen sich nicht für modische Architekturexperimente. Kontrastierende Einfügungen sind kaum geeignet, auch wenn das Aufnehmen von Gestaltungsgesetzen mit relativer Zurückhaltung gelegentlich in die Kritik gerät. Langfristig gesehen bewahren sie behutsam Historisches für die Zukunft. Die Besinnung auf den kulturellen Wert der Zeugen der Vergangenheit vermitteln Einsichten, die in die Zukunft weisen und Prozeßbewußtsein von Stadtwerdung, Stadtentwicklung und Stadterneuerung wecken und fördern.

Umgestaltung, Ergänzung oder Ablösung durch Neubau und andere Formen der Entwicklung und Erneuerung waren von jeher notwendig, um Orte neuer Prägung zu schaffen, unter Beachtung der Spuren des Genius loci – dem Respekt vor dem Maßstab, dem Charakter, der Geschichte und den Konventionen einer Stadt. Konstituierende Faktoren, wie die überlieferte Stadtstruktur, der Bau ihrer Häuser und die Physiognomie ihrer Straßen und Plätze führen folgerichtig zu den zeitlosen Prinzipien städtebaulicher Gliederung und Ordnung. Auch für die Gestaltung des Künftigen läßt sich Anleitung finden aus jenen schöpferischen Lösungen vergangener Bauepochen und deren Inhalt – ein kulturelles Prinzip, das produktive Auseinandersetzung erfordert, anregt und weiterentwickeln hilft.

Königliches Schloß zu Berlin; aus der Brüderstraße gesehen
(Meßbildfoto 1913)

Ein Blick in die Geschichte

Die vorstädtische Siedlung
als Ausgangspunkt der Stadtgründung

Die Planungsarbeiten begannen mit dem Studium der Geschichte des historischen Stadtkerns, mit Untersuchungen und Dokumentationen zur städtebaulichen und architektonischen Entwicklung, insbesondere im Zeitraum von der Gründungsphase der Städte Berlin und Cölln, ihrer frühbürgerlichen Blütezeit bis zu ihrer Umgestaltung als Residenz der Hohenzollern und ihre kulturgeschichtliche Bedeutung für die Stadt.

Nach dem heutigen Wissensstand legten um 1200 aus dem niederrheinisch-westfälischen Wirtschaftsgebiet kommende Händler und Handwerker eine vorstädtische Niederlassung der für die Handelsstraße günstigen Überquerungsmöglichkeit an, da, wo heute die neue Mühlendammbrücke die Spree überquert. Die Siedlung kristallisierte sich um den „Krögel", dem ältesten Gasthaus Berlins, das im System eines Netzes von Niederlassungen und Handelsstützpunkten entlang der großen Handelsstraße zwischen dem süddeutschen Raum und der Ostsee entstand. Diese Straße existierte bereits vor der Stadtgründung und ist gegebene Ursache für die Unregelmäßigkeit der gekrümmt in Nord-Süd-Richtung verlaufenden Straßen in dem ansonsten rechtwinkligen Grundrißschema der Stadt, die nun rechtwinklig auf die alte Handelsstraße stoßen. Auch die Spandauer Straße ist älteren Datums als die Stadtgründung. Sie führte zwischen zwei Talsandinseln zur Burg Spandau, die den Ausgangspunkt für die Vorstöße der Askanier zur Gewinnung des Barnim und Teltow bildete. Auf sie bezieht sich die Richtung der Quartier-

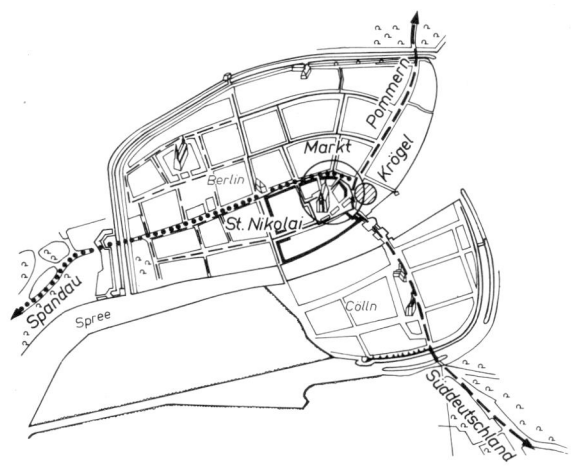

Festpunkte der Stadtwerdung mit dem planmäßig angelegten städtebaulichen Grundgerüst

struktur der mittelalterlichen Stadt. Im Blick auf die Topographie, die morphologische Situation und die Gräberfunde unter der romanischen Basilika einerseits, die zu unterstellende

Kontinuität des einmal gewählten Standortes eines zu vermutenden einfachen Kirchenbaus der vorstädtischen Siedlung, andererseits ist nicht auszuschließen, daß es sich bei der Talsandinsel der heutigen Nikolaikirche um den Standort der frühesten Ansiedlung Berlins handelt – hervorgegangen aus dem südlich gegenüberliegenden Handelsstützpunkt am Flußübergang der Spree mit Übernachtungsmöglichkeiten und zunehmenden Handwerks- und Dienstleistungen für den Bedarf weitgereister Kaufleute.

Ein regelmäßig rechtwinkliges Straßennetz, die Stellung der Pfarrkirche im gesonderten Bezirk, vermutlich durch Stützmauern am Hang begrenzt, um eine ebene Baufläche zu erhalten, die Ostung des Sakralbaus – das waren die Grundsätze des Systems der Stadtgründung, die nach örtlich vorgefundenen Gegebenheiten sinnvoll modifiziert wurden. So entstand der dreiseitige Molkenmarkt an der Straßengabel als Ausdruck der spezifischen geographischen Situation. In diesem Sinne ist der Stadtgrundriß von Berlin typisch für die mittelalterliche

Feldsteinsockel der westlichen Turmfront von St. Nikolai
– ältestes erhaltenes Mauerwerk des mittelalterlichen Berlins

Gründungsstadt aus der Zeit der Ostkolonisierung – ein progressiver Entwicklungsprozeß zur ökonomischen Erschließung des Landes.

Die Planung der Stadt erfolgte offensichtlich an der topographisch geeignetsten Stelle. Daraus resultiert, daß der sonst gleichartig gegliederte Stadtgrundriß am Spreeübergang nicht völlig regelmäßig ist. Diese Keimzelle der Stadt wird im Stadtbuch (1380–1390) mehrfach als „de olde Markt" angegeben. Hier befand sich mit der romanischen Basilika die erste Pfarrkirche, der Vorläufer der heutigen Nikolaikirche, deren Feldsteinmauerwerk, das im Turmunterbau noch erhalten ist, sie als ältestes erhaltenes Gebäude der Stadt ausweist. Die Kirche erhob sich auf einer der Furt durch die Spree am nächsten liegenden der drei dünenartigen Geländeerhöhungen – sogenannte Talsandinseln –, die vor Hochwasser hinreichend Schutz boten und gute Gründungsbedingungen für Bauwerke besaßen. Ausgrabungen von Mitarbeitern der Akademie der Wissenschaften und des Märkischen Museums erbrachten den Nachweis von Gräbern zwischen und unter den Fundamenten, die auf eine vorstädtische Siedlung schließen lassen, die vor dem Beginn des Kirchenbaus vorhanden war.

Die Siedlungen Berlin und Cölln auf der Spreeinsel haben um 1230 ihre städtischen Privilegien erhalten. Mit der Stadtrechtsverleihung ist der Beginn des planmäßigen Aufbaus verbunden, zu dem auch die steinerne Pfarrkirche in Gestalt einer dreischiffigen romanischen Pfeilerbasilika mit Querschiff zählt. Zu Beginn der dreißiger Jahre des 13. Jahrhunderts werden Berlin und am gegenüberliegenden Ufer Cölln planmäßig zu Städten ausgebaut, die durch die askanischen Markgrafenbrüder Johann I. und Otto III., Urenkel Albrechts des Bären, dem Begründer der Askanierdynastie und Eroberer der Mark, das magdegisch-brandenburgische Stadtrecht erhielten.

Gründungsurkunden der Städte Berlin und Cölln haben sich nicht erhalten. Aber wir kennen andere Stadtgründungsurkunden der markgräflichen Brüder Johann I. und Otto III. mit ihren vergleichbaren Aussagen. Darin wird einem Beauftragten, einem Lokator, die Aufgabe übertragen, die neue Stadt zu erbauen. Der Territorialherr stellte dem Gemeinwesen als wirtschaftliche Grundlage ausreichend Landbesitz zur Verfügung. Für eine Reihe von Jahren wurden Abgaben an die Feudalherren erlassen. Wertvolle Anhaltspunkte finden sich in Urkunden von Frankfurt (Oder), Lychen, Friedland im Lande Stargard, seit 1304 in Mecklenburg und Müllrose, die von den gleichen Markgrafen wenig später als Berlin und Cölln das Stadtrecht erhielten. Ähnlich dürfte die Gründungsurkunde für Berlin ausgesehen haben, die als sorgfältig gehütetes Rechtsdokument vermutlich bei dem Stadtbrand 1380 verlorenging. Demzufolge ist Berlin als eine planmäßig angelegte und mit einem bereits entwickelten, dem magdeburgisch-brandenburgischen Stadtrecht versehene Stadt anzusehen – wenn auch die oben genannten Ausgrabungen belegen, daß bereits vor dem Gründungsakt am Spreeübergang der großen Handelsstraßen von Magdeburg nach Frankfurt (Oder) sowie von Nürnberg nach Oderberg in Richtung Ostsee Menschen gelebt haben. Die von E. Reinbacher 1956 bis 1958 durchgeführten Ausgrabungen sowie die von H. Seyer 1980/81 in der Ruine der Nikolaikirche belegen zweifelsfrei die Annahme, daß vor der Stadtgründung der topographisch und verkehrstechnisch günstige Platz bewohnt war. Diese Siedlung aus dem vorstädtischen Stadium Berlins wird für das letzte Viertel des 12. Jahrhunderts angenommen und gilt als Ausgangspunkt für die Erhebung zur Stadt um 1230. Auf der Grundlage der Größe des Friedhofs unter dem Vorgängerbau der heutigen Nikolaikirche und anhand der angenommenen Grundstücke auf dem Gelände nach den Lindholzschen Papieren um 1660 wird die Siedlung auf eine Größe von etwa 200 Einwohner geschätzt. Auch der bei den Grabungen gefundene Grundriß in der Gestalt von Fundamentteilen der spätromanischen Basilika brachte Erkenntnisse über die frühe Geschichte des Sakralbaus, der bei der Erhebung zur Stadt offensichtlich bereits auf die geplante Größe der Stadtanlage bezogen war, sich vermutlich mit dem Gründungsakt verbindet.

DIE STADTWERDUNG
UND DIE FRÜHE ENTWICKLUNG

Die schriftliche Überlieferung zur Geschichte Berlins beginnt mit einer Urkunde aus dem Jahr 1244, nachdem bereits 1237 die Stadt Cölln auf der Spreeinsel urkundlich nachgewiesen ist. Beide Siedlungen sind im Prozeß ihrer geschichtlichen Entwicklung in ein einheitliches Gemeinwesen aufgegangen, so daß das Jahr 1237 als erste Quelle anzusehen ist.

Schon bei der Gründung dürfte die geplante und später durch den Mauerring fixierte Größe der Stadt angelegt worden sein, die sich erst nach und nach mit Häusern füllte. Damit wäre die Anlage des neuen Marktes, der 1326 nachgewiesen ist, mit der 1292 urkundlich erwähnten Marienkirche als planmäßiger Ausbau der ursprünglich konzipierten Stadtgröße nach der Mitte des 13. Jahrhunderts anzusehen. Mit dem Anwachsen der Stadt wurde noch im 13. Jahrhundert an der Ecke Rathausstraße (vormals Königsstraße bzw. Oderberger Straße) etwa in geometrischer Mitte des erweiterten Stadtkerns ein neues Rathaus mit der Gerichtslaube gebaut. In ihrem Obergeschoß befand sich die Ratsstube, im Erdgeschoß wurde Gericht gehalten. Im Ratskeller ist der Bierausschank bezeugt.

Das Berliner Gericht war anfangs auch für das wenig später gegründete Cölln zuständig ge-

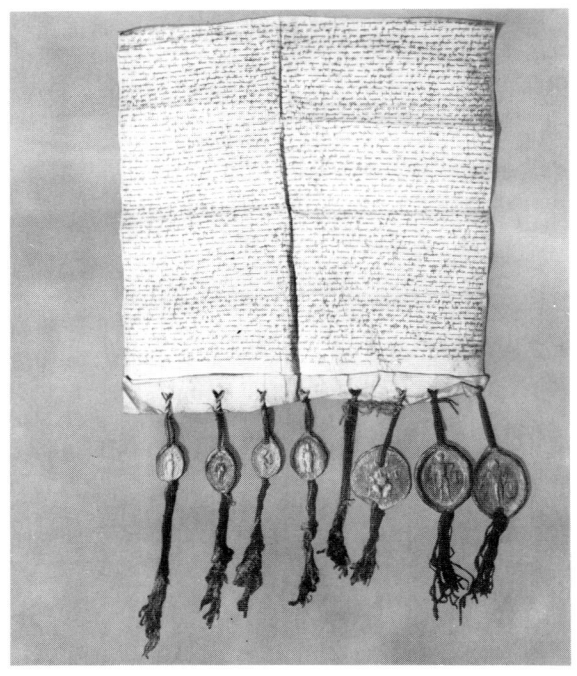

„Am 28. Oktober 1237 schlossen die Brandenburger Markgrafen einerseits und der Bischof, der Dompropst sowie das Domkapitel von Brandenburg andererseits einen Vertrag, der ihren bereits Jahre währenden Streit um das Zehntrecht in einem großen Teil der Diözese beilegte.
Die ältere der beiden Urkunden berichtet einleitend von der Vorgeschichte dieser Auseinandersetzungen."
„… sind die Bestimmungen des Abkommens fixiert, das im Beisein zahlreicher Zeugen 1237 in Brandenburg im großen Hospital vereinbart wurde." „An sechster Stelle wird als einer der Anwesenden bei Vertragsabschluß im Oktober 1237 ein Pfarrer Simon aus Cölln genannt, aus jenem Teil der späteren Doppelstadt Berlin-Cölln."

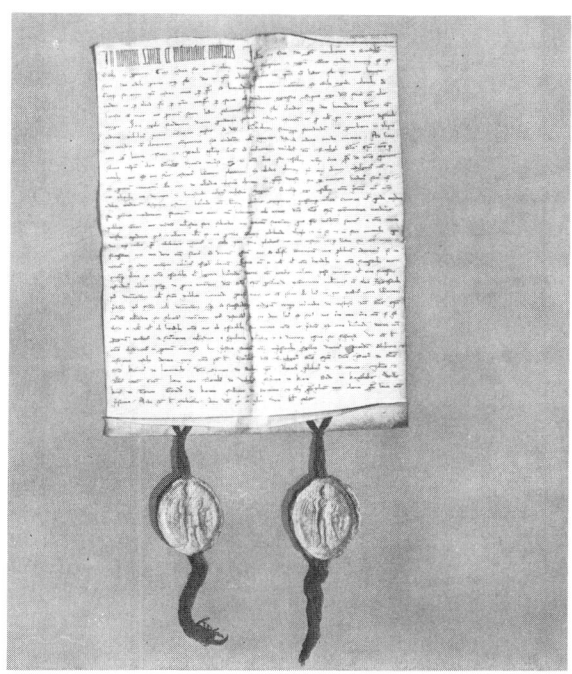

Dokumente beurkunden die Beilegung mittel-
alterlicher Rechtsstreitigkeiten zu Brandenburg
und erwähnen Cölln 1237 und Berlin 1244

wesen. Aus der Tatsche, daß Berlin ursprünglich Land auf dem linken Spreeufer besaß und
es bei der Gründung Cöllns abtrat, kann geschlossen werden, daß Cölln zeitlich nach Berlin
gegründet wurde. Es erhielt dasselbe Stadtrecht
und unterstand den Berliner Schultheißen.

Die markgräfliche Gerichtsgewalt wurde vom
Schultheißen wahrgenommen. Die Rechts-
pflege war offensichtlich eine lohnende Einnah-
mequelle, weil sich Strafen in Geldzahlungen
umwandeln ließen. Der Schultheiß vereidigte
den Rat, mit dem zusammen er die Stadt als ju-
ristische Person repräsentierte. Auf dem Molkenmarkt zeugte eine Rolandsgestalt von der
städtischen Gerichtshoheit.

Von besonderem Interesse ist die Frage, wann
die Gründung der beiden Städte erfolgt sein
muß. Da alle schriftlichen Quellen fehlen, geht
die Methode der historischen Kombination von
folgenden Überlegungen aus:

– Die Cronica principum saxoniae von 1280
berichtet, daß die askanischen Markgrafen
Johann I. und Otto III. den Barnim und Teltow
erhielten. „Berlin, Struzerbach, Frankenforde,
Novum Angermunde, Stolp, Livenwalde et
Stagarde, Novum Brandenburch et alia loea
plurima exstruxerunt…" (Stadterhebung und
Verleihung des Stadtrechts). Ihre Mündigspre-
chung als regierende Landesherren erfolgte mit
hoher Wahrscheinlichkeit um 1225. Danach
kann also erst die Stadtgründung erfolgt sein.

– In der Urkunde vom 7. März 1232 bestimmen diese Markgrafen, daß alle Städte im
Lande Teltow und Barnim ihr Recht von Spandau erhalten, „falls sie auf die Gnade des Markgrafen Wert legen".

„Das zweite Dokument, das ebenfalls in
dreifacher Ausfertigung die Jahrhunderte
überdauerte, schließt mit den Worten: Ver-
handelt wurde das in Markee im Jahre des
Herrn 1244 am 26. Januar. Zweifach ge-
siegelt, bestätigte das Pergament den Verzicht der Markgrafen von Brandenburg auf
das Spolienrecht (Verfügungsgewalt über
den beweglichen Nachlaß der Geistlichen,
die auf Grund des kirchlich verfügten Zöli-
bats, der Ehelosigkeit, keine rechtlichen Er-
ben hatten). Wie damals bei solcherart
Rechtsakten üblich, wurden auch hierfür
Zeugen angemessenen Standes, jedoch aus
verschiedenen Wohnorten, angeführt. Unter ihnen taucht wiederum Herr Simon auf,
diesmal als Propst von Berlin."

Prospekt des Berliner Rathauses mit Turm und Gerichtslaube sowie den Anbau von Nehring an der Spandauer Straße (Stich nach Zeichnung von Hintze?)

– Am 28. Oktober 1237 wird erstmals ein Pfarrer Symeon de Colonia erwähnt, am 9. Januar 1245 als Probst von Berlin, 1247 als Probst von Cölln bei Berlin, was als erste urkundliche Erwähnung der Stadt angesehen wird. 1237 besitzt Cölln einen Pfarrer, also auch eine Pfarrkirche. Berlin ist älter als Cölln.

– Berlin besitzt trotz der Zusage des Markgrafen an Spandau kein Spandauer, sondern brandenburgisches Recht.

Das läßt den Schluß zu, daß die Stadtgründung Berlins vor 1232 lag. Deshalb gehen die Historiker davon aus, daß Berlin um 1230 gegründet worden sein muß. Gesichert ist jedoch nur die anfangs genannte erste urkundliche Er-

wähnung, die sich 1987 zum 750. Male jährte. Die günstige Verkehrslage im Schnittpunkt der Handelswege durch den bereits im 13. Jahrhundert benutzten Schiffsweg über Spree, Havel und Elbe nach Hamburg und über einen damals noch befahrbaren Nebenfluß der Elbe – die Recknitz – nach Lübeck erweiterte und förderte den wirtschaftlichen Aufstieg durch das handelspolitisch wichtige Niederlagerecht. Zweifellos war der Handel – gemessen an den großen deutschen Städten am Rhein und an der Donau – weniger bedeutend, für die kurze Entwicklungszeit jedoch ein beachtliches Ergebnis.

1280 traf sich zum märkischen Landtag in Berlin/Cölln der gesamte Adel aus der Altmark der Prignitz und der Mittelmark, die alle ange-

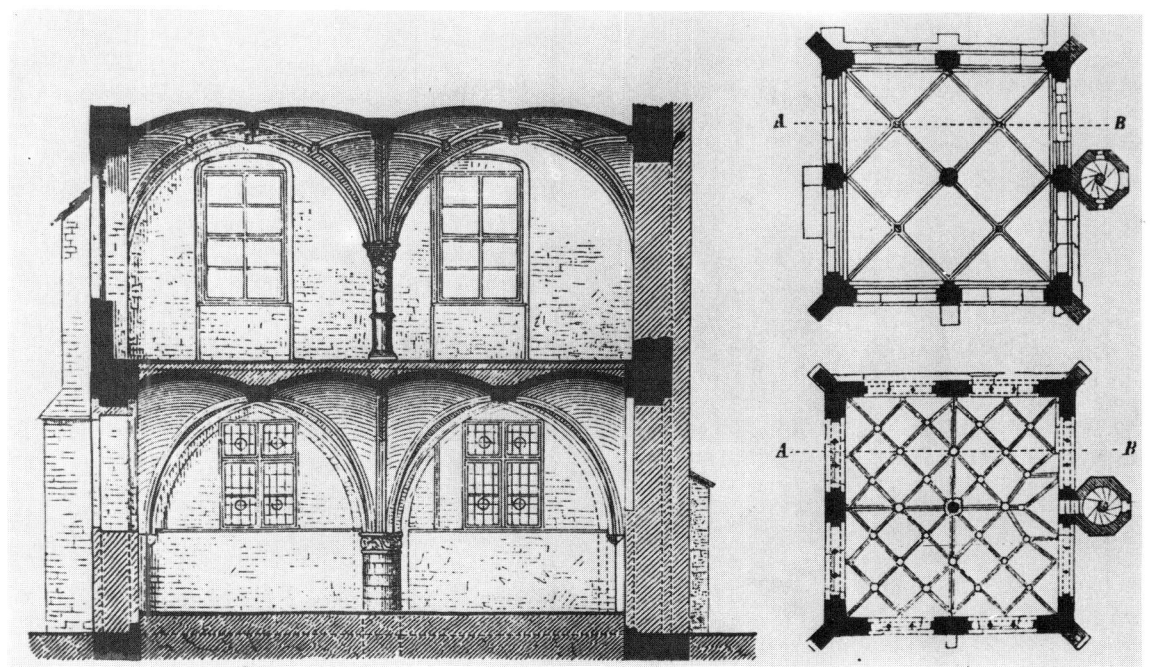

Rekonstruktionsaufmaß der mittelalterlichen Berliner Gerichtslaube, Querschnitt,
Grundrisse des Erd- und Obergeschosses 1896

messene Unterkunft und Versorgung zu finden hatten. Das bedeutet, daß die Stadt über entsprechende Gasthöfe mit guter Küche verfügte. 1307 schlossen sich Berlin und Cölln unter dem Bürgermeister Konrad von Belitz zu einer Bundesstadt zusammen, die als Union die gemeinsamen Interessen beider Städte betreffenden äußeren und militärischen Angelegenheiten vertrat. Neben diesem vereinten Rat verblieben für beide Städte die örtlichen Räte mit der Verantwortung für Vermögen und Haushalt. Ein gemeinsames Rathaus stand an der Langen Brücke – dort, wo später das von Schlüter geschaffene Reiterstandbild des Großen Kurfürsten errichtet wurde. Die Ratsfamilien bildeten das Patriziat des Gemeinsamen Rates: zwei Drittel waren Berliner Ratsmannen, ein Drittel

Cöllner. Die Kaufleute schlossen sich zu Gilden zusammen, Handwerker und Ackerbürger bildeten die große Zahl der Bürgerschaft. Die Aufnahme als Bürger erfolgt an der Langen Brücke im Rathaus vor dem Gemeinsamen Rat. Die Bürgerschaft als Privileg war die Voraussetzung für die Zuweisung eines zu bebauenden Grundstücks in der Stadt und die Ausübung eines städtischen Gewerbes. Innungen waren städtische Institutionen und unterstanden der Aufsicht der Räte von Berlin und Cölln. Zu den ersten Innungen zählten laut einer Urkunde aus dem Jahr 1442 die der Bäkker, Knochenhauer, Tuchmacher und Schuster. Die Einrichtung dieser „Viergewerke" beinhaltete die in diesen Handwerkszweigen konzentrierte Mehrzahl der Arbeitskräfte und

machte sie mit ihren verbrieften oder unverbrieften Innungsrechten zum zweiten Stand in der Stadt nach den ratsfähigen Bürgern.

Bis 1142 stattete der Rat laut Stadtbuch noch drei weitere Gewerbe mit Innungsrechten aus: 1280 die Kürschner, 1284 die Schuhflicker und 1288 die Schneider. Großhandel und Gewandschnitt waren ein Privileg der vornehmsten und reichsten Kaufleute. Innerhalb der Mauern war die Stadt oft Schauplatz heftiger sozialer und wirtschaftlicher Konflikte zwischen dem Patriziat erfolgreicher Fernhändler und den Zünften um die Beteiligung der Handwerker am Stadtrat.

1308 wurden Berlin/Cölln Führer des Märkischen Städtebundes und 1359 Mitglied der Hanse. Zunehmend erstarkten die Städte durch den käuflichen Erwerb entscheidender Rechte, z. B. 1391 durch Erwerb der vollen Gerichtsgewalt, so daß im 14. Jahrhundert eine

Stellung errungen werden konnte, die der Reichsunmittelbarkeit nahe kam.

Zu jener Zeit gewann die Stadt ihre Gestalt, von der sich Elemente über alle Stürme hinweg bis auf den heutigen Tag erhalten haben, noch ehe nach dem Aussterben der Askanier 1319/1320 und den folgenden Auseinandersetzungen zwischen Luxemburgern und Wittelsbachern der Hohenzollern-Burggraf von Nürnberg,

Friedrich VI. als Friedrich I., 1411 zuerst mit der Stadthalterschaft und dann am 30. April 1415 mit der erblichen Kur- und Erzkämmererwürde der Mark Brandenburg durch Kaiser Sigismund belehnt worden war und damit das Mitspracherecht bei der Wahl des Kaisers gewann. Sieben Fürsten im Heiligen Römischen Reich Deutscher Nation wählten seit dem 13. Jahrhundert den deutschen Herrscher: die Erzbischöfe von Mainz, Köln und Trier sowie der Pfalzgraf bei Rhein, der Herzog von Sachsen, der König von Böhmen und der Markgraf von Brandenburg – wie es die Goldene Bulle von 1356 bestätigt. Im gleichen Jahr kam der Hohenzoller als Statthalter in die Mark und 1412 gelang es ihm, am Kremmener Damm die mit den Raubrittern verbündeten Pommern zu besiegen.

1414 zerstörten die Geschütze – gefertigt aus eingeschmolzenen Glocken – die Burgen der Quitzower. Nach diesem Sieg über den aufsässigen Landadel wandte er sich gegen die unabhängigen Städte.

die Autorität des Rates zerstört, an seine Stelle jedoch nicht die des breiten Bürgertums, sondern vor allem die des Feudalherren gesetzt. Er suspendierte den Rat, hob die Union von Berlin und Cölln auf und setzte für beide Städte wie-

Königliches Schloß zu Berlin; Erasmuskapelle von Kaspar Theiß, 1538 (Meßbildfoto)

Unter Ausnutzung der Widersprüche und Auseinandersetzungen zwischen der Gilde der Kaufleute, dem Patriziat und den Zunfthandwerkern und einfachen Kaufleuten sowie verarmten Handwerkern, Lohnarbeitern und Gesellen gelang es Kurfürst Friedrich II. von Hohenzollern, der 1437 zunächst als Statthalter seines Vaters nach Berlin kam und sich nach dessen Tode am 19. November 1440 als Grund- und Landesherr huldigen ließ, die Interessen seiner Klasse und seiner Hausmacht durchzusetzen. Im Streit um eine neue städtische Verfassung klagten die niederen Stände 1442 bei ihm gegen den Rat. Den Anlaß nutzend, wurde

der getrennte Räte ein, behielt sich die Bestätigung der Ratsmitglieder vor, nahm ihnen die Gerichtsgewalt, das Niederlagerecht sowie das Bündnisrecht und ließ sich auf der Cöllner Spreeinsel ein Areal zum Bau eines festen Wohnschlosses zur Festigung seiner Macht und ihrer dauerhaften Sicherung abtreten. Am 31. Juli 1443 legte der Kurfürst dafür persönlich den Grundstein. Der große Eckturm der Cöllner Stadtmauer, der „Grüne Hut", wurde als Burgturm einbezogen. In das gemeinsame Rathaus zog der kurfürstliche Richter Balthasar Hake ein. Die vom Johanniterorden mit hohem finanziellem Aufwand erworbenen Dörfer

Königliches Schloß zu Berlin; Anbauten am Spreeflügel mit „Grünem Hut"
(Meßbildfoto 1913)

Tempelhof, Mariendorf, Marienfelde und Rixdorf wurden beschlagnahmt, weil die Zustimmung zu ihrem Erwerb nicht vom Kurfürsten eingeholt worden war.

Im Verlauf der Auseinandersetzungen um die Überprüfung der Rechtmäßigkeit bürgerlichen Besitzes und die damit verbundenen Einziehungen kam es 1448 zum offenen Aufruhr, dem „Berliner Unwillen". Das kurfürstliche „Hohe Haus" in der Klosterstraße wurde von Bürgern gestürmt und das Archiv mit den schriftlichen Zeugnissen über die Unterwerfung von 1442 und sicher auch die Eigentumsurkunden, Briefe, Bücher und Beweise vernichtet. Der kurfürstliche Richter wurde gefangen genommen und das Bündnis beider Städte mit dem gemeinsamen Rat wiederhergestellt. Auf den Fundamenten der nordwestlichen Stadtmauern von Cölln wurde ein Plankenzaun errichtet und mit der Öffnung des Cöllnischen Stauwehres ein Teil des Schloßbauplatzes unter Wasser gesetzt. Auf Betreiben des Kurfürsten erklärte ein Gericht der Landstände in Spandau am 25. Mai 1448 und 1442 erzwungenen Abmachungen für rechtens, und diesem Urteil mußten sich die Städte schließlich unterwerfen.

In dem von 1538 bis 1540 unter der Leitung des sächsischen Architekten Caspar Theiß um-

Blick vom Rathausturm nach Südwest (Aufnahme aus einer Panorama-Serie 1868 v. Albrecht Meydenbauer)

Modell eines Planes zur grundlegenden Altstadterneuerung (1939)

Das Nikolaiviertel nach der Zerstörung 1945; im Hintergrund das Stadtschloß und der Berliner Dom

Modell eines Planes zur grundlegenden Altstadterneuerung (1939)

Wettbewerbsbeitrag (ein 1. Preis)
Massenmodell zum Ideenwettbewerb für die architektonische
und funktionelle Gestaltung des Gebietes . . . (1978)

Modell der städtebaulich-architektonischen Lösung für den Wiederaufbau des Nikolaiviertels (1982)

Ansicht des Planungsgebietes von der Rathausstraße, Eingang Poststraße.
Ausgangssituation bis 1978, gekennzeichnet durch wenige notdürftig instandgesetzte Gebäude

gestalteten und vor allem von Andreas Schlüter im brandenburgischen Barock erweiterten und ausgebauten Schloßbau nahmen die brandenburgischen Kurfürsten, die preußischen Könige (1701) und deutschen Kaiser (1871) ihre ständige Residenz, bis die Novemberrevolution (1919) eine neue Zeit ankündigte und der wohl bedeutendste Barockbau nördlich der Alpen in den Trümmern des zweiten Weltkrieges und der folgenden Entwicklung unterging.

Anders als in Frankreich und England war die Zerstörung der Autonomie mittelalterlicher deutscher Städte nicht verbunden mit einer Eingliederung in einen einheitlichen nationalen Markt, wie es der Entwicklungsstand der Produktivkräfte erforderlich gemacht hätte. Dieses objektive Erfordernis schlug um in eine Stärkung landesherrlicher Gewalt gegen die Festigung der einheitlichen Nation mit einer Zentralgewalt. Aus den beiden bürgerlichen Hansestädten kristallisierte sich die ständige Residenz des Kurfürsten von Brandenburg mit all ihren Vor- und Nachteilen heraus: Einerseits war die politische und ökonomische Selbständigkeit der Städte gebrochen, andererseits entwickelte die Stadt infolge der Konzentration der Produktivkräfte unter dem ideellen Leitbild der Renaissance ihre Lebensfähigkeit auf neuer

Grundlage mit neuer Dimension. Zu diesem Zeitpunkt war jedoch eine wesentliche Phase im Entwicklungsprozeß der mittelalterlichen Stadtbildung, wie sie der Memhardsche Plan von 1653 ausweist, bereits abgeschlossen und dokumentiert sich zum Teil noch heute in der Struktur des historischen Stadtkerns.

Seine Gliederung ist für uns aufgrund ihres Wertes als stadtgeschichtliches und städtebaulich-künstlerisches Zeugnis das Ergebnis dauernder Veränderungen und Schauplatz wechselvoller historischer Ereignisse. Dieser kontinuierliche Prozeß wurde durch die Kriegszerstörungen weitgehend unterbrochen. In einem einheitlichen Bauvorgang entstand an diesem historischen Ort das Nikolaiviertel als Ergebnis eines schöpferischen Aktes im ganzen und durch einen einmaligen Vorgang einer Neugestaltung. Eine besondere Aufgabe und Verpflichtung bestand darin, Geschlossenheit in geschichtlicher und in gestalterischer Hinsicht als entscheidenden Wesenszug des historisch bestimmenden Altstadtkerns zu bewahren – besonders deshalb, weil unser heutiges Bauen in Form und Inhalt, in Baustoffen und Dimensionen von der historischen Stadtgestalt erheblich abweicht.

35

*Die Nikolaikirche vor der Zerstörung, von Süden
links die Liebfrauenkapelle von 1452 (Meßbildfoto)*

Die Zeugnisse der Berliner Baukultur

Die Nikolaikirche

Für den Aufbau des Planungsgebietes bilden die Rekonstruktion und die Wiedererrichtung der wertvollsten Gebäude und städtebaulichen Räume mit der maßstäblichen Gliederung und Gestaltung den bestimmenden Rahmen. Das gilt besonders für den Wiederaufbau der Nikolaikirche. Diese älteste Pfarre ist dem Schutzpatron der Kaufleute, dem heiligen Nikolaus sowie dem heiligen Martin und der heiligen Katharina, geweiht. Sie besitzt das einzige aus der Gründungsepoche der Stadt unversehrt erhaltene, sichtbar aufrecht stehende Mauerwerk aus Granitquadern im Sockelbereich der Westtürme. Nach den Zerstörungen im zweiten Weltkrieg gaben archäologische Grabungen Aufschluß über den Vorgängerbau aus dem zweiten Viertel des 13. Jahrhunderts, einer 40 Meter langen dreischiffigen Basilika mit Querschiff und drei Ostapsiden. Ihr ist dieser untere Teil des Turmes zuzurechnen. Der Bau des Chores von 1378/79 und der anschließende Bau von 1460, bei dem die Seitenschiffwände in die Flucht des Querhausgiebels rückten, vor allem aber die Ablösung der flachen Decken durch weitgespannte frühgotische Hallengewölbe schufen einen völlig neuen Raumeindruck. Diese neue Konzeption der bürgerlichen Hallenkirche spiegelte gegenüber der ursprünglichen feudalen Basilika das wachsende Selbstbewußtsein der Bürger dieser Ansiedlung wider.

Am 2. November 1539 wechselte in dieser Kirche die Bürgerschaft mit ihrem Rat zum evangelischen Glauben über. Johann Krüger, Paul Gerhardt und Johann Georg Eberling be-

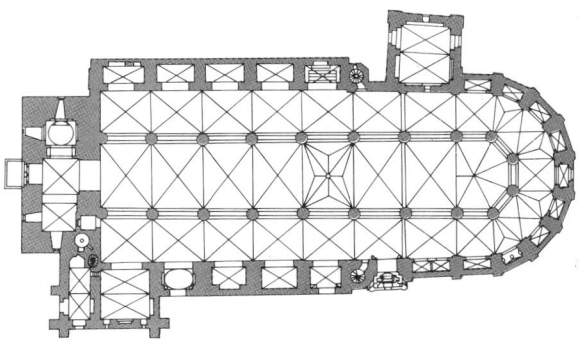

Grundriß der Nikolaikirche zu Berlin

gründeten in den Jahren 1622 bis 1668 mit ihren Kompositionen die evangelische Kirchenmusik. Am 6. Juli 1809 nutzte der erste gewählte Berliner Magistrat im Ergebnis der Stein-Hardenbergschen Reformen in Preußen das Gebäude als Versammlungsort.

Am 29. Juni 1990 wurde Bundespräsident Richard von Weizsäcker als Ehrenbürger Berlins in der Nikolaikirche geehrt. Hier warb er für die Stadt als Hauptstadt des künftigen

Deutschlands: „Nur in Berlin kommen wir wirklich aus beiden Teilen und sind doch eins ... Hier ist der Platz für die politisch verantwortliche Führung Deutschlands ... Hier konzentrieren sich Geschichte und Geschicke der Deutschen ...“

Bauwerke diesen Ranges schlagen eine Brücke zur Vergangenheit, rücken geschichtliche Kontinuität in das Bewußtsein, verdeutlichen Sinn und Inhalt eines solchen Gebäudes. Sie sprechen uns in ihrer vitalen, kraftvollen Haltung an, ihrem raumausfüllenden beherrschenden Volumen, ihrer eigenwilligen Stellung. Die heilige Tradition und kultische Forderung, den Chor mit dem Altar nach Osten zu richten, gilt – auch dann, wenn das regelrechte Straßengefüge parallel zum Fluß gewählt wird und die Kirche deshalb schräg in einem ausgesparten heiligen Bezirk steht: Liturgie geht noch vor Repräsentation.

Während die Wohngebäude wohl ausnahmslos holzgebaute Häuser waren, ist der Sakralbau das Steinhaus. Der Turmsockel der dreischiffigen romanischen Basilika gleicht mit seinem wehrhaften Erscheinungsbild einem befestigten Haus, ähnlich den Wohntürmen in anderen mittelalterlichen Städten, wie in Magdeburg oder Regensburg. Zweifellos stand die Herausarbeitung des Körperlichen dieses charakteristischen Bautyps mit seiner städtebaulichen Raumwirkung in dieser frühen Phase der Stadtentwicklung im Mittelpunkt und begründet seine dominierende Wirkung im Bild der Stadt. Die Pfarre ist eine bürgerliche Bauaufgabe, der das Bürgertum mit zunehmender Emanzipation seine ganze schöpferische Baukunstentwicklung zuwendet. Auch in Berlin ist diese älteste Pfarrkirche eine in ihrer Entwicklung von der noch feudal geprägten Basilika

*Rekonstruktion
Treppenturm und Dach
der Nikolaikirche
(Foto G. Stappenbeck)*

*Seite 38:
Westliche Turmfront
mit der Liebfrauenkapelle;
der untere Sockel gehört
zur Gründungsbasilika
und ist das älteste aufrecht
stehende Mauerwerk Berlins
(Meßbildfoto)*

*Nordfassade von St. Nikolai
links die Hl.-Kreuz-Kapelle
von 1459 (Meßbildfoto)*

zur Hallenkirche mit nach innen gezogenen Strebepfeilern die charakteristische Form. Die aus gespaltenen Granitfeldsteinblöcken errichtete Basilika hat nicht lange bestanden, mußte Neuem weichen. In der zweiten Hälfte des 13. Jahrhunderts, als mit dem planmäßigen Ausbau des nördlichen Teils der geplanten Stadtgröße um den Neumarkt die Marienkirche als gotische Hallenkirche errichtet wird, fällt auch die Umgestaltung der Nikolaikirche zur Hallenkirche. Zu diesem Zeitpunkt sucht die Stadt markgräfliche Rechte den Feudalherren abzutrotzen und stadtbürgerliche Freiheiten durchzusetzen.

Natürlich hat der gotische Hallenbau die Maße der Gründerbasilika überschritten, war ein großzügig angelegtes Entwurfskonzept. Stadtbrände in den Jahren 1376 und 1380 können auch die Nikolaikirche betroffen haben, zumindest haben sie das Baugeschehen in Berlin zunächst auf die weitere Lebensfähigkeit der Stadt konzentriert. Die anzunehmende Unterbrechung der Bauarbeiten, die erst im Jahre 1400 im Chorbereich wieder aufgenommen werden, zeigen das Konzept eines Hallenumgangschores mit einem Kapellenkranz. Historiker belegen den Einfluß von Baugedanken des Peter Parler aus Prag.

Wie in vielen Städten entstand unabhängig von der zunächst noch genutzten großen Halbkreisapsis und den Absiden des östlichen Abschlusses der Querschiffe der neue gotische Chorbau, in seiner Struktur und Gliederung süddeutschen und böhmischen Einflüssen und Anregungen folgend.

Peter Parler (1332/33–1399) aus Schwäbisch-Gmünd folgte dem Ruf König Karls IV. und wirkte als Leiter der Dombauhütte in Prag (1353), zu einer Zeit also, wo dieser böhmische König die Landeshoheit über die Mark Brandenburg besaß. Charakteristisch ist in der unteren Zone anstelle der äußeren Strebepfeiler ein Kranz innenliegender Pfeiler. Die

zwischen ihnen liegenden Kapellen verleihen dem Chor eine Sockelwirkung. Die Außenwand rückt im Kapellenbereich an die äußere Begrenzung der Strebepfeiler, setzt im darüberliegenden raumhohen Teil mit den großen lichtdurchfluteten gotischen Fenstern an die innere Begrenzung zurück. Den sieben Seiten der Außenwand stehen drei Seiten des Innenchores gegenüber, die miteinander im Wechsel durch rechteckige und dreiseitige Gewölbe verbunden sind. Das Ganze wird durch einen großen Dachstuhl, über alle drei Schiffe reichend, zu einer großen Baukörperwirkung zusammengefaßt, die sich der gesellschaftlichen Bedeutung des mittelalterlichen Sakralbaus entsprechend über die Dächer der bürgerlichen Wohngebäude erhebt und sie zur Gesamtwirkung der Stadtgestalt integriert – so, wie es später die großen Kuppelbauten der Renaissance fortführen.

Die auffallende Höhe des Daches führt folgerichtig zur Erhöhung des monumentalen Turmsockels mit einer spitzen Turmhaube auf dem südlichen Teil – wie er dem westfälischen Typ einer Pfarrkirche entspricht. Die nördliche Hälfte des Turmsockels aus der Gründungszeit ist mit einem bescheidenen Satteldach abgeschlossen. Erst mit der umfassenden Erneuerung im Jahre 1876 wird durch Hermann Blankenstein (1829–1910) der neogotische Aufsatz mit zwei symmetrisch angelegten Doppelspitzen weitergeführt, die nach den Zerstörungen des zweiten Weltkrieges konzeptionell dem Wiederaufbau in Verantwortung des staatlichen Denkmalpflegebetriebes zugrunde gelegt wurden.

So entspricht das Bild der mittelalterlichen Stadt der Rang- und Reihenfolge der geistigen Werte in einer Geschlossenheit, die sich in der Dachlandschaft aus der handwerklichen Konstruktion und den örtlichen Baumaterialien in einheitlichen Dachneigungen sich ableitenden wiederkehrenden Formen manifestiert. Dieser auf das Weltbild, der allein auf die geistige Autorität der Kirche sich stützenden mittelalterlichen Stadtgestalt verdanken wir die in Inhalt und Form übereinstimmende baukünstlerische Gesamtwirkung.

DIE GERICHTSLAUBE

An der im Straßennetz in west-östlicher Richtung verlaufenden alten Handelsstraße, der Stralauer Straße mit der Gabelung der Span-

Altes Rathaus, Ansicht der Spandauer Straße (Süd-Ost), Lithographie nach einer Zeichnung von Hintze (?) (Meßbildfoto)

41

Rathaus in der ehem. Königstraße,
im Vordergrund die welterste Litfaßsäule
1860 (Stadtarchiv Berlin – Fotosammlung)

mauert und verputzt wurden. Hier befand sich der Sitz des Rates mit dem baulichen Sinnbild der freien Gerichtsbarkeit der Bürgerstadt. Im Erdgeschoß stand der Schöffenstuhl, darüber lag die Ratsstube. In der ersten Hälfte des 16. Jahrhunderts und im frühen Barock war sie umgestaltet worden und die Kenntnis ihres ursprünglichen Zustandes verlorengegangen. Erst im Zuge des Neubaus des in den Jahren von 1861 bis 1870 erbauten Roten Rathauses nach Plänen des Bauinspektors Hermann Friedrich Waesemann (1813–1879), als das alte Rathaus mit der Gerichtslaube abgebrochen wurde, trat deren ursprüngliche gotische Substanz wieder hervor.

dauer Straße, lag mit dem Molkenmarkt (niederdeutsch: Mühlenmarkt) der erste Handelsplatz der Stadt. Hier standen das älteste Rathaus und als Symbol städtischer Freiheit der Roland. Mit der bereits 1270 erfolgten Stadterweiterung und dem Bau der Marienkirche gewann die Oderberger Straße (heute Rathausstraße) an Bedeutung als Hauptader der Stadt. An der Ecke Spandauer Straße entstand ein neues Rathaus als politisches Zentrum städtischer Macht und Freiheit. Mit ihm baulich verbunden war die Gerichtslaube aus der zweiten Hälfte des 13. Jahrhunderts mit ihren ursprünglich offenen Arkaden, die später zuge-

Rathausturm, ehem. Königstraße/Ecke Spandauer
Straße, 1839 (Stadtarchiv Berlin – Fotosammlung)

unterstreicht. Die neuen raumbegrenzenden Wohngebäude treten zurück und schaffen diese kleine Freifläche, die dem Baukörper den erforderlichen „Atem" gibt.

Da eine gesicherte, historisch belegte Farbgebung nicht überliefert ist, wurde in Anlehnung an vergleichbare Lösungen ein grüngrau gebrochenes Weiß gewählt. Im Kontrast dazu stehen die ziegelroten Gewände der gotischen Arkadenfenster im Erdgeschoß und die dunkel getönten geschmiedeten Gitter der Fenster im Obergeschoß. Die Gewölbe im Innern sind weiß getönt und mit den ziegelroten Rippen des Kreuzgewölbes im Erdgeschoß und des Sterngewölbes im Obergeschoß gegliedert. Geschmiedete Gitter der Treppe, der Deckenkronen und des Inventars sowie des Auslegers unterstreichen zusammen mit dem Mobiliar – gestaltet nach der überlieferten romanischen Sitzbank der ursprünglichen Gerichtslaube – die auf geschichtlichen Bezügen beruhende Gestaltung.

DAS KNOBLAUCHHAUS

Das Gebäude der Familie Knoblauch in der Poststraße 23 ist heute das einzige noch an seinem ursprünglichen Standort im alten Stadtkern Berlins erhaltene Wohnhaus. Über einen großen Zeitraum war dieses Gebäude ein bedeutendes Zentrum des geistig-kulturellen Lebens Berlins. Es ist noch heute ein bemerkenswertes Zeugnis bester bürgerlicher Baukunst und Wohnkultur in ungewöhnlicher städtebaulicher Lage. Die den Raum um die Nikolaikirche begleitende Baukörperbegrenzung wird bis an die Westfassade der gotischen Liebfrauen-Kapelle (1452) gefaßt. Auf der Seite der Poststraße erfährt der Bau durch die aus dem ursprünglichen Straßenverlauf sich ableitende leichte konvexe Abwinklung eine spürbare plastische Wirkung. Sie vermittelt dem Ge-

Rathaus mit der Gerichtslaube, ehem. Königstraße/ Ecke Spandauer Straße 1860 (Stadtarchiv Berlin – Fotosammlung)

Da sich in der Stadt kein geeigneter Platz finden ließ, wurde sie Kaiser Wilhelm I. als Geschenk der Stadt übergeben und im Schloßpark von Babelsberg als neogotische Kopie aufgestellt. Im Zuge des Wiederaufbaus wurde sie mit ihren gotischen Arkaden im Erdgeschoß und dem Renaissancegiebel als Zeichen frühbürgerlicher Rechtsprechung in die Bebauung einbezogen und als historische Gaststätte ausgebaut.

Im Verlauf der Poststraße gewinnt die Gerichtslaube in Verbindung mit der neuen Bebauung an der Nahtstelle zu den historischen Bürgerhäusern einen Standort, der mit einem Platz vor dem Baukörper seine Bedeutung

bäude zum Platz hin mit seiner Hauptansicht eine nahezu freie Stellung im Raum – eine hervorragende Nutzung der städtebaulichen Lage. Sie zeugt von großer Sicherheit bei der Gestaltung dieser charakteristischen Situation, die

Erbauer dieses Stammhauses der Familie Knoblauch war Johann Christian Knoblauch (geb. 1723), Enkel des in der zweiten Hälfte des 17. Jahrhunderts aus Ungarn nach Eberswalde ziehenden Johann Heinrich Knoblauch. Nach

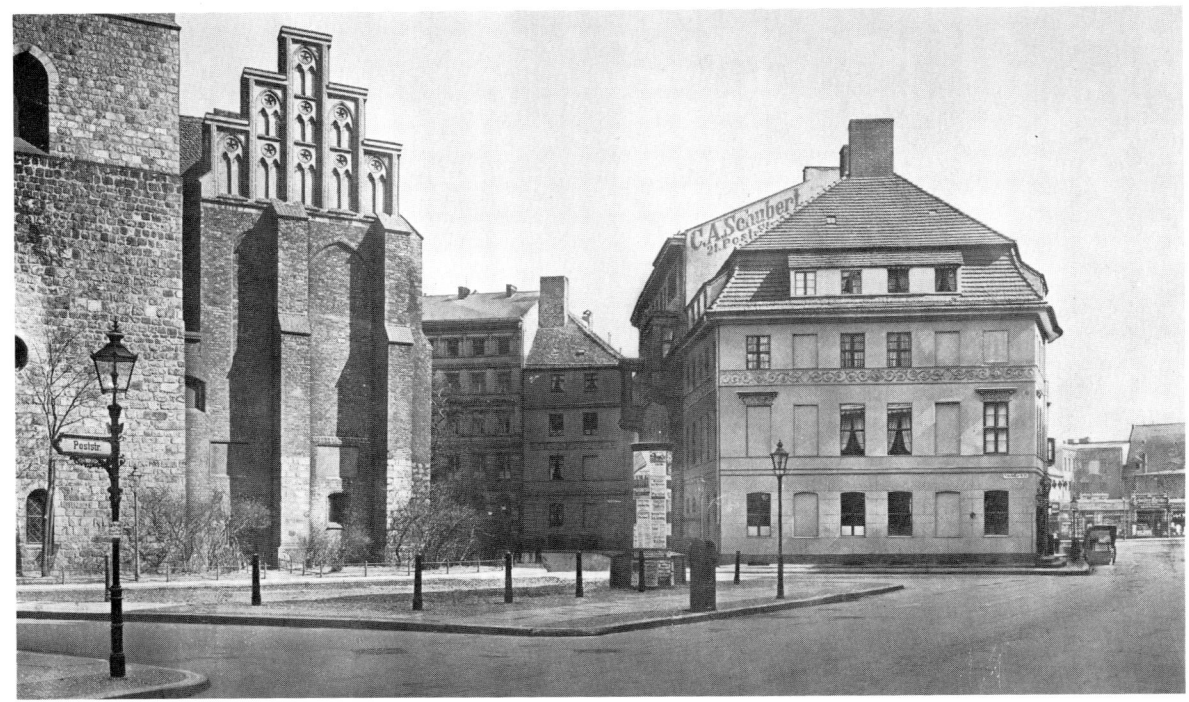

Das Knoblauchhaus aus der Poststraße gesehen, daneben die Nikolaikirche mit der Liebfrauenkapelle (Meßbildfoto)

den Raum vor der Nikolaikirche entscheidend mitbestimmt. Das gilt besonders im Blick auf ihre Bedeutung als maßstabbildende Ausformung des städtebaulichen Raumes am Übergang zur Poststraße. Offensichtlich wurden mit der Einbeziehung der Kellergewölbe des Vorgängerbaues die volle Überbauung des Grundstücks beibehalten und der Kellerbereich als „Wirtschaftshof" genutzt.

einer Ausbildung beim Nadlermeister Gericke folgten von 1743–1749 Wanderjahre. 1750 erwarb er in Berlin das Bürgerrecht, kaufte das Grundstück und begründete damit eine bedeutende Familientradition.

Der Sohn, Carl Friedrich Knoblauch, Stadtverordneter, erbte den Grundbesitz in direkter Linie. Carl Knoblauch, Seidenfabrikant und -händler, war sicher die bedeutendste Persön-

Das Knoblauchhaus in der Poststraße 23, um 1750 von Johann Christian Knoblauch erbaut, bildete einen bedeutenden kulturellen Mittelpunkt gesellschaftlichen Lebens und präsentiert wertvolle bürgerliche Wohnkultur der Familie Knoblauch (Meßbildfoto).

lichkeit der Familie. Als Stadtrat und Abgeordneter des kurmärkischen Landtages trat er besonders mit seiner Denkschrift über die Neufassung der Gewerbeordnung in Durchsetzung der Stein-Hardenbergschen Reformen hervor, die zu persönlichen Begegnungen mit dem Reichsfreiherrn von und zum Stein führten – so 1827 gemeinsam mit dem Gründer der Berliner Universität und preußischen Erziehungsmini-ster Wilhelm von Humboldt. Als Vorstandsmitglied und Schatzmeister des Vereins der Berliner Kunstfreunde entwickelte er enge persönliche Beziehungen zu den Humboldts, zu Schleiermacher, Schinkel, Beuth, Schadow, Rauch, Tieck und Begas. Auch ein Besuch des preußischen Generals und Begründer der Heeresreform Gerhard Johann David Scharnhorst (1755–1813) in der Poststraße 23 ist belegt.

Der angesehenen Bürgerfamilie verdankt Berlin viele befähigte progressive Persönlichkeiten, die bedeutenden Einfluß auf die Entwicklung der Stadt genommen und Bedeutendes für sie geleistet haben.

Eduard Knoblauch war der Gründer des Berliner Architektenvereins, Erbauer der Russischen Botschaft, Unter den Linden, der Synagoge in der Oranienburger Straße und des Etablissements Kroll vor dem Reichstag.

Armand Knoblauch förderte die industriell-technische Entwicklung der Stadt und gründete 1870 das „Böhmische Brauhaus" am Friedrichshain, ein Musterbetrieb des damaligen technischen Fortschritts.

Sein jüngerer Bruder, Bernhard Knoblauch, gründete Unfallstationen, Krankentransportwesen und den Verband der Ersten Hilfe.

Die kulturhistorisch wertvolle Einrichtung des Gebäudes aus der frühen Biedermeierzeit zählt viele Bilder der Knoblauchs, zahlreiche Erinnerungsstücke aus dem bedeutenden Freundeskreis und stellt ein bemerkenswertes Zeugnis bürgerlicher Wohnkultur dar.

Es ist dem großzügigen Entgegenkommen der heutigen Familienmitglieder zu danken, daß in den nach denkmalpflegerischen Gesichtspunkten rekonstruierten Wohnräumen ein Teil der ursprünglichen Ausstattung der Öffentlichkeit wieder zugänglich werden konnte.

Seitenrisalit des Ephraim-Palais, das mit den originalen Fassaden-elementen originalgetreu wieder aufgebaut wurde (Meßbildfoto)

Das Ephraim-Palais an der Mühlendamm- Ecke Poststraße 1761/65 – 1985/87 (Meßbildfoto)

DAS EPHRAIM-PALAIS

Das Ephraim-Haus ist ein kunstgeschichtlich bedeutendes palaisartiges Bürgerhaus, im Volksmund „die schönste Ecke von Berlin" genannt. Und zweifelsfrei ist dieser Bau ein bemerkenswertes Bürgergebäude des Rokokos in Berlin.

Nach Plänen des Architekten Friedrich Wil-

helm Diterichs (1702–1782) entstand dieser Bau in den Jahren 1762–1766 für den Hofjuwelier und Münzpächter Friedrichs II., für Nathan Veitel Heine Ephraim, der zugleich Inhaber der Gold- und Silbermanufaktur des Königs war. Der für Berlin bedeutende Baumeister Diterichs schuf im Alter von fast 60 Jahren damit sein reifstes Werk. Von ihm stammen u. a. in Berlin das Prinzessinnenpalais (1733), das

*Blick in die ovale mehrgeschossige Treppenhalle mit geschmiedetem Geländer –
einzige Vorlage für die Rekonstruktion des Innenraumes (Meßbildfoto)*

Ermeler-Haus (heute wiederaufgebaut am Märkischen Ufer) sowie die Schloßkirche in Berlin-Buch. Nachgewiesen ist seine enge Zusammenarbeit mit Knobelsdorff beim Bau des Schlosses Sanssouci.

Der historische Standort des Ephraim-Palais ist das Eckgrundstück Mühlendamm/Poststraße nahe der Spreebrücke. Sein prächtiges Hauptportal lag schräg dem Schwerin-Palais (heute Ministerium für Kultur) gegenüber. Es bildete den schönen architektonischen Abschluß der ehemaligen Kaufhallenarkaden auf

dem Mühlendamm und die Einleitung zur Poststraße. Die außerordentliche Wirkung der Diterichschen Konzeption beruht auf der städtebaulich-architektonischen Nutzung dieser Ecklage. Es wurde in der meisterhaften Übereinstimmung des Grundrisses mit seiner plastischen Baukörpergestaltung komponiert. Der städtebaulich bedingten Ecksituation entspricht die diagonal auf den Straßenraum bezogene Grundrißlösung.

Man betritt durch die Säulengalerie des Portals einen ovalen Raum, der zu der etwas kleineren, ebenso ovalen mehrgeschossigen Treppenhalle mit elegant geschwungenem Treppenlauf und schönem Schmiedeeisengeländer übergeleitet.

Während die gesamte Fassadenfläche mit ihren geringen Risalitvorsprüngen ein knappes Relief besitzt, wurden plastische Elemente mit baukünstlerischer Sicherheit auf die beiden Endrisalite und besonders auf den bogenförmigen Mittelteil des Baukörpers konzentriert. Alle diese Gliederungen vereinigen sich zu einem wirkungsvollen harmonischen Ganzen.

Die im Jahre 1935 geplante neue Verkehrslösung am Molkenmarkt und am Mühlendamm, verbunden mit einer erheblichen Verbreiterung der Brückenstraße über die Spree sowie wasserbautechnischen Umbauten, führte zum Abriß der wertvollen Bausubstanz. Die schmückenden Bauteile aus Naturstein und Schmiedeeisen wurden abgetragen und deponiert. Nach der Rückgabe durch den Senat von Berlin (West) 1984 standen sie für den Wiederaufbau zur Verfügung.

Die kleinteilig gegliederten Rokokogitter über dem Hauptportal gingen verloren. Nach Fotos aus dem ehemaligen Preußischen Meßbildarchiv entstanden sie neu in der Werkstatt des Kunstschmiedes Hans-Joachim Kunsch.

Die historischen Bürgerhäuser an der Probststrasse

Dem Wiederaufbau der kriegszerstörten Altstadtmitte zwischen dem Roten Rathaus und der Spree lag die Überlegung zugrunde, neben der Wiederherstellung der Nikolaikirche das städtebauliche Ensemble als Ganzes zum Ausgangspunkt der Gestaltung zu bestimmen. Dabei sollte der Eigenwert solcher Bauten wie die Gerichtslaube, das Knoblauchhaus, der „Nußbaum" und das Ephraim-Palais akzentuiert und mit den neuen Wohngebäuden eine räumliche Ordnung und maßstäbliche Bezüge zu den an-

grenzenden städtebaulichen Ensembles untereinander und zu den bedeutenden Baudenkmälern entwickelt werden. Mit dieser Zielstellung wurde ein Teil der ehemaligen Bürgerhäuser aus dem 17., 18. und 19. Jahrhundert und damit das historische städtebauliche Raumgefüge mit der Probststraße (ehem. Kannengießerstraße), dem Molkenmarkt und der Eiergasse wieder aufgebaut.

An der Probststraße wurde das viergeschossige Mietshaus aus den neunziger Jahren des vorigen Jahrhunderts wegen seiner unmaßstäblichen Wirkung und dem Fehlen jeglicher Unterlagen durch eine Adaption des ehemaligen Eckhauses Poststraße 31/Rathausstraße 6 ersetzt, das maßstäblich und stilistisch die Bebauung abrundet. Hier fand die Theodor-Fontane-Apotheke ihren Platz. Der östliche Abschluß der Bürgerhäuser wird mit der wiederaufgebauten Gaststätte „Zum Nußbaum" gebildet. Ehemals auf der Cöllner Seite, Fischerstraße 21, gelegen, war es eines der ältesten Häuser und zugleich eines der wenigen erhalten gebliebenen Giebelhäuser Berlins. Nach einer Inschrift am Keller muß es 1705 erbaut worden sein. Der kleine Gastraum wurde durch Heinrich Zille, Otto Nagel, Claire Waldoff und viele andere bekannt, die hier oft zu Gast waren. Im Gasthaus befand sich eine umfangreiche Sammlung von originalen Zeichnungen Zilles. Das Gebäude brannte 1943 ab.

Als historisches Lokal mit unverwechselbarem Flair wurde es in das Umfeld der Nikolaikirche einbezogen und nach historischen Dokumenten originalgetreu wieder errichtet. Der Wiederaufbau des „Nußbaums" in einer historischen Umgebung, wie an der Nikolaikirche, entsprach den wiederholt geäußerten Wünschen vieler Berliner. Zwischen den Wohnhochhäusern der Fischerinsel konnte er aus Maßstabsgründen nicht wiedereingefügt werden. Die logische Konsequenz einer unverrückbaren Standortverbundenheit denkmalpflegerischer Über-

„Zum Nußbaum" Fischerstraße 21
Aufnahme F. A. Schwartz 1887
(Stadtarchiv Berlin – Fotosamm-
lung)

Historische Bürgerhäuser
in der Probststraße
vor der Zerstörung
(Meßbildfoto)

„Zum Nußbaum", Cölln
(Stadtarchiv Berlin – Fotosammlung)

Detail des zerstörten Hauses ehem. Probststraße 11
(Foto 1946 Gretz)

Historische Bürgerhäuser in der Probststraße vor der Zerstörung (Meßbildfoto)

legungen strengster Provenienz hätte den Verzicht bedeutet. Dem einen oder anderen mag es eine gewagte bauchoreographische Idee sein. Entscheidend ist, daß dieses Gebäude weniger ein Unikat, sondern vielmehr ein Typ ist, der einmal das städtebauliche Umfeld der Nikolaikirche geprägt hat.

Der Wiederaufbau und die Gestaltung des städtebaulichen Rahmens um die Nikolaikirche vermittelt weitgehend den Charakter der ursprünglichen Ensemblewirkung, in dem die Bürgerhäuser mit ihrer Maßstäblichkeit und Gliederung weniger als Einzelobjekte, sondern vielmehr als stadtlandschaftlich beherrschen-

„Zum Nußbaum" (1751); die Gaststätte befand sich ursprünglich in Cölln, Fischerstraße 21 (Meßbildfoto)

des Element das Erscheinungsbild bestimmen. Sie zeugen vom Aufstieg des Stadtbürgertums zur gesellschaftlichen Kraft, die sich auf städtebaulich-künstlerischem Gebiet ausprägte als Ausdruck neu gewonnenen Selbstbewußtseins und Wirklichkeitssinnes in der Auseinandersetzung mit der feudalen Kultur. Neben den großen Stadtkirchen und den reich gegliederten Rathäusern der Städte spiegeln die Bürgerhäuser im einzelnen wie im ganzen die Ausprägung des Humanismus und der Renaissance im

Prozeß der Überwindung des mittelalterlichen Weltbildes wider. Handel und Handwerk, soziale Stellung und persönliche Leistung bestimmen die schrittweise Herausbildung der Grundtypen des Bürgerhauses.

Sie stehen nicht isoliert als Einzelbauwerk, sondern sind Teil eines städtebaulichen Raumgefüges mit vielfältigen Beziehungen zur Umgebung. Wir finden in diesen baulichen Zeugnissen der Vergangenheit jene zeitlosen Gestaltwerte, die auch für unsere heutige Bau-

Blick durch die Eiergasse auf St. Nikolai (Meßbildfoto)

planung förderlich sein können. Von besonderem Gewicht ist in diesem Zusammenhang die über eine sorgfältige Durchbildung der Einzelheiten hinausgehende humanistische Grundhaltung als Beitrag zur Architekturentwicklung. In der konsequent angewandten Einheitlichkeit der Mittel liegt noch heute ihr Ensemblewert. Funktionelle Gliederung, Konstruktionswahl und Bestimmung des Materials bilden dabei die dienenden Mittel bei einer gültigen Gestaltfindung.

DIE BÜRGERHÄUSER AM NIKOLAIKIRCHPLATZ

Südlich der Nikolaikirche entstand mit der Bebauung Nikolaikirchplatz ein weiterer Komplex historischer Bürgerhäuser. Dazu zählt das Eckhaus Molkenmarkt 12/13 aus dem 18. Jahrhundert, bekannt als „Haus mit der Rippe". Dieses Hauszeichen geht zurück auf eine Berliner Sage vom Fischer und seiner Tochter, die von dem Riesen Rolbert geraubt worden war und von den tapferen Berlinern nach hartem Kampf mit Rolbert befreit werden konnte. Als Zeichen des Sieges gilt die Rippe mit dem Schulterblatt des Riesens.

Auf dem schmalsten Grundstück am Nikolaikirchplatz 10 befand sich ein Gebäude aus dem 17. Jahrhundert, in dem Gotthold Ephraim Lessing von 1752 bis 1755 wohnte. Es ist für eine Rekonstruktion ausreichend dokumentiert, obwohl es bereits in der zweiten Hälfte des 19. Jahrhunderts abgetragen und durch ein viergeschossiges Mietshaus ersetzt wurde.

Der städtebauliche Raum um das mächtige Kirchenschiff von Nikolai wurde auch in östlicher Richtung zur Spandauer Straße hin mit neuen Wohngebäuden geschlossen, so daß ein vom Fahrverkehr ungestörter Fußgängerbereich mit unverwechselbaren Raumqualitäten entstand. Diese für die Geschichte der Stadt einmalige Situation wird durch traditionelles Kopfsteinpflaster bestimmt, das von hieraus im Sinne eines strukturellen Gerüstes im Norden bis zum Platz vor der Gerichtslaube und im Süden bis zum Ephraim-Palais mit seiner Freifläche und den neugestalteten Treppenanlagen reicht.

So entstand ein Ensemble mit historischen Bürgerhäusern, das mit seinem ursprünglichen Formenreichtum zweifellos etwas von den persönlichen Umständen und Haltungen der ehemaligen Bauherren vermittelt. Diese Gebäude-

Bürgerhäuser „Am Nikolaikirchplatz" (Stahlstich)

Rekonstruktion historischer Bürgerhäuser „Am Nikolaikirchplatz" Straßenabwicklung

Historische Bürgerhäuser „Am Nikolaikirchplatz" vor der Zerstörung (Meßbildfoto)

anlagen mit Haus, Hof und Nebengelaß in ihren typischen Erscheinungsformen, ihrer Größe und ihrem Antlitz, der räumlichen Gliederung und dekorativen Gestaltung vermitteln anschaulich die soziale Stellung des Bürgers im städtischen Gemeinwesen. Das bürgerliche Wohnhaus bildet den maßstabsformenden Grundbaustein der lebendigen städtebaulichen Raumfolgen deutscher Städte mit ihren Straßen und Plätzen – zweifelsfrei eine schöpferische Leistung, die nach den Zerstörungen des zweiten Weltkrieges besonders an Wert gewinnt als Brücke zu einer eigenständigen anspruchsvollen Baukultur.

Gleich neben der Eckgaststätte „Zum Paddenwirt" mit dem kleinen Trinkbrunnen in der Eiergasse befindet sich ein Handwerks-

museum. Anschaulich vermittelt es Kenntnisse über das Leben derer, die zur Entwicklung und zum Fortschritt Berlins mit ihren schöpferischen Leistungen Wesentliches beigetragen haben.

Geschmiedete Ausleger für die Verkaufseinrichtung des Berliner Handwerks, die „Kaffeestube", den „Paddenwirt" und das Handwerksmuseum in Verbindung mit zurückhaltend gestalteten Schriftlösungen ergänzen das überlieferte Erscheinungsbild.

Der Wiederaufbau stützte sich auf die denkmalpflegerische Zielstellung des Instituts für Denkmalpflege für das Stadtviertel sowie auf eine Dokumentation des Büros für Städtebau für die Gestaltung der wiederaufzubauenden ehemaligen Gebäude.

Das Modell zeigt die städtebauliche Raumfolge rund um die Nikolaikirche
in seinem Charakter und Maßstab (Foto Hoffmeister)

Das Gestaltungskonzept

Standpunkte und Positionen zum Nikolaiviertel

Über Jahrhunderte hat sich da, wo heute wieder das Herz der Stadt schlägt, wechselvolle Stadtpolitik und Geschichte vollzogen, die später europäische und weltgeschichtliche Dimensionen tragen sollte. Die Kenntnis historischer Zusammenhänge der Berliner Kulturlandschaft bildete einen planerischen Festpunkt bei der Entwicklung der bestimmenden Planungsidee. Nach den schweren Wunden des Bestandes durch den zweiten Weltkrieg war hier, im historischen Kern Berlins, weder eine Kopie des mittelalterlichen Berlins noch ein bedingungsloser Wiederaufbau aus heutiger Sicht denkbar.

Neue städtebauliche Beziehungen, die sich mit dem Wiederaufbau der Stadt herausgebildet hatten, waren zu berücksichtigen. Diese Gestaltungsidee für das Nikolaiviertel, als zeitgenössisches Ensemble verstanden, läßt sich nur in seiner Gesamtheit erschließen und verstehen. Es ist konzipiert in der Einheit von bewahrten und zurückgewonnenen Zeugnissen der Berliner Baukultur und den Aufgaben, wie sie einem heutigen städtischen Zentrumsbereich mit dem Wohnen und den Stätten gesellschaftlicher und geselliger Begegnung entsprechen.

Das städtebauliche Ergebnis des architektonischen Konzeptes belegt, daß mit ihnen jene charakteristischen räumlichen Qualitäten zurückgewonnen werden konnten, die schon verloren geglaubt schienen und die heute wieder eine frühe Entwicklungsetappe Berlins dokumentieren. In dem sich ständig wandelnden Gesicht der Stadt werden so wesentliche Bezugspunkte bewahrt. Unstrittig gilt das für die wiederaufgebaute gotische Hallenkirche St. Nikolai, für das restaurierte Knoblauchhaus sowie für das aus verkehrstechnischen Gründen 16 Meter nördlich mit dem originalen Natursteinmaterial wiedererrichtete Ephraim-Palais.

Eine ähnliche Ausgangsüberlegung bestimmte auch die im städtebaulichen Wettbewerb 1979 vom Verfasser vorgeschlagene Einbeziehung der Gerichtslaube des zweiten mittelalterlichen Rathauses, die um einige Meter vom ursprünglichen Standort entfernt in unmittelbarer Nähe zur Nikolaikirche neu entstanden ist. Ihre ursprüngliche Form lebt wieder – wenn auch ohne die materiellen Spuren einer langen Baugeschichte. Bildlich gesprochen ist sie als Bedeutungsträger bürgerlicher Rechtsprechung in die Mauern der Stadt zurückgekehrt. Ganz im Sinne einer begründeten Fortschreibung des überlieferten alten Stadtgrundrisses sind auch die Einfügungen von neuen Weg- und Sichtbeziehungen zwischen dem Roten Rathaus und der Spreeuferpromenade zu dem räumlichen Herzstück um die Nikolaikirche zu verstehen.

Auch der „Nußbaum", die älteste Berliner Gaststätte vor der Zerstörung, hat in dem differenzierten Raumgefüge um die Nikolaikirche ihren Platz gefunden. Am ursprünglichen Standort auf der Cöllner Seite – ehemals Fischerstraße 21 – konnte sie heute zwischen den Wohnhochhäusern der Fischerinsel nicht mehr den notwendigen städtebaulichen Maßstab finden. Das wiedererrichtete Gebäude belegt, wie seine maßstäbliche Einbeziehung im Gesamtkonzept möglich werden konnte. Als eines der wenigen Giebelhäuser Berlins zeugt es auch in der neuen Umgebung als Maßstabbildner vor den Türmen der Nikolaikirche von dem ehemaligen Stadtbild, der Berliner Gastlichkeit und mit seinen früheren Gästen Heinrich Zille und Otto Nagel von einem Stück Kolorit lokaler Kulturgeschichte. Grundsätzliches gilt auch im Kleinen, in manchen Details: Für den aufmerksamen Besucher heben sich die neuen Wege mit ihrer neuen Pflasterstruktur deutlich ablesbar von dem historisch überlieferten Straßengefüge ab, das mit dem Kopfsteinpflaster, der traditionellen Granitplatte und dem Kleinmosaikpflaster wiederhergestellt werden konnte. Die Wirkung einer einheitlichen Anlage gewinnt das Nikolaiviertel heute nach seiner Fertigstellung durch die straßen- und platzbegrenzenden Neubauten. In ihrer einfühlsamen Haltung geben sie sich in harmonischer Wechselwirkung zur historischen Substanz zeitgemäß und selbstbewußt.

Jedes Gebäude hat seinen Eigenwert in der räumlichen Ordnung und den maßstäblichen Bezügen untereinander sowie zu den großen Baudenkmälern, wie dem Marstall und dem Berliner Rathaus. Bestimmend für die neuen Wohngebäude ist eine modifizierte industrielle Bauweise, die in ihrer Erscheinung grundsätzlichen Gliederungs- und Gestaltungsgesetzen folgt – in der Art, wie sie gefertigt ihre Arbeitsspuren zeigen, deutlich als Zeugnis heutiger Bauweisen.

Eine Architektur, die vorrangig auf rationellem Bedürfnis und Emotionen zugleich beruht, erfordert Erweiterung und Differenzierung des Inhalts und des Formenvokabulars. An die Stelle des Sensationellen und Extravaganten artistischer Formenspielerei tritt die Suche nach dem Allgemeingültigen auf der Grundlage einer inhaltlichen Auseinandersetzung mit dem spezifischen Wesen, dem Wesentlichen der Bauaufgabe.

Die soziale Aufgabenstellung und eine adäquate Baukörpergestaltung, die nach kulturellem Prinzip Kontinuität und damit Vertrautheit in eine Entwicklung vermittelt, sind die entscheidenden Faktoren für eine lebendige Architekturentwicklung, die zu einem verbindenden Gefühl der Menschen mit ihrer Stadt und unserer Zeit wirksam beitragen kann. Das Gefühl, zu Hause zu sein in dieser Stadt, Stadtbewußtsein überhaupt ist zweifellos eine starke emotionale Kraft. Sie birgt die Möglichkeit, daß die Menschen diese Botschaft entdecken, wenn sie durch das Viertel gehen.

In einem einheitlichen Bauvorgang entstand dieses Ensemble als Zeugnis einer schöpferischen Neugestaltung. Sie widerspiegelt sowohl stadtgeschichtliche und städtebauliche Zeugnisse als Ergebnis einer langen Reihe wechselvoller historischer Ereignisse aus der Kontinuität im Ablauf der Stadtgeschichte, als auch die Aufgaben der Gegenwart hinsichtlich heutigen Geschichtsverständnisses und zukunftorientierten Planens und Bauens.

Geschlossenheit im Sinne einer Übereinkunft aus dem Gleichgewicht einer nahtlosen Verbindung von Altem und Neuem ist ein entscheidender Wesenszug dieser Bauaufgabe in ihrer Gestaltungsform.

In der Disziplin und Konsequenz der Einheitlichkeit der Mittel liegt heute noch oder wieder der Ensemblewert. Auch hier finden wir im Bauen der Vergangenheit jene überzeitlichen Werte, die für unser heutiges Planen förderlich sein können.

Diese einheitliche Haltung bei differenzierter Vielfalt im Detail bewirken die neuen Wohngebäude in ihrer Gestaltung. Neubauten, in die Nähe wertvoller historischer Bausubstanz gerückt, setzen hohe Maßstäbe und Ansprüche an ihr Erscheinungsbild im Blick auf den Rang und ihre Stellung im Gesamtgefüge. Dabei bildeten die Fragen einer zweckmäßigen Gliederung, Konstruktionswahl und Bestimmung des Materials die Grundlage bei der Entwicklung der Planungsidee, die Historisches und Poetisches anstrebt.

Einen hohen Stellenwert besaß die über eine sorgfältige Durchbildung der Einzelheiten hinausgehende, auf den menschlichen Maßstab bezogene Grundhaltung im Sinne eines humanistischen Grundkonzepts bei der produktiven Lösung des Widerspruchs zwischen dem bislang möglichen und dem heute notwendigen Leistungsniveau der Stadterneuerung. Das Nikolaiviertel respektiert den Bezug zum Gründungsort der Stadt und stellt sich zugleich dem inhaltlichen Anspruch an das heute zu Bauende. Damit trägt es sicher dazu bei, Geschichte und den eigenen Platz, die Verantwortung in den historischen Abläufen auf alltägliche Weise bewußt werden zu lassen.

Heute spricht das Ergebnis für alle die, die es geschaffen haben.

Das Bedürfnis nach einer differenzierten Gliederung und Gestaltung der großen Baumassen konnte und sollte nicht in einer zwischenzeitlich auch international überlebten postmodernen Formensprache Ausdruck gewinnen. Sie hätte notwendigerweise zu einer unverständlichen Kontrastwirkung geführt, da ihr die kulturellen Bindungen zu den historischen Gestaltungsgesetzen fehlen. Vor allem aber fehlen ihr die sozialen Bezüge. Und da beim Bauen der soziale Aspekt Vorrang haben sollte, ist eine solche Bauaufgabe auch in diesem Sinne zu lösen. Deshalb sollte der Bezug zum Gründungsort der Stadt mit dem Anspruch einer aktivierten Stadtmitte nahtlos verbunden werden. Die soziale Aufgabenstellung, hier fast 800 Wohnungen mit allen notwendigen Einrichtungen zu schaffen, führte zu dem nunmehr seiner Bestimmung übergebenen Ensemble.

Manch einer mag beklagen, daß vieles in der Tradition unserer Baukultur steht und zu wenig in der ungebundenen Fassung einer ehrgeizigen Neuschöpfung. Andere meinen dagegen: Gerade dank dieser Haltung erfreut es sich auch zunehmend eines über die Grenzen der Stadt hinausreichenden öffentlichen Interesses. Hier mag das Leben, für das es gebaut ist, entscheiden. Das Nikolaiviertel hatte als innerstädtisches Wohngebiet den ökonomischen Zwängen des komplexen Wohnungsbaus zu folgen. Vorgaben und Aufwandsnormative bildeten auch hier für den Bau der Wohnungen und Einrichtungen der Grundversorgung den wirtschaftlichen Rahmen.

Als „zentraler Ort" mit gesamtstädtischer Bedeutung für spezielle und ausgewählte Sortimente des Handels und der Gastlichkeit war diese Angebotspalette folgerichtig mit Anforderungen des Stadtzentrums zu erweitern. Für etwa 2 000 Menschen, die nun hier wohnen, bietet das Nikolaiviertel alles, was zum Leben in unserer Zeit zählt: Wohnungen, kulturelle Einrichtungen, Läden, Cafés, Restaurants und außerdem vieles, was für alle Bürger und Touristen von besonderem Interesse ist. In ihrer Abfolge von städtebaulicher Ideenkonzeption über den Prozeß der Projektierung, der Gestaltung des bestimmenden Details bis hin zur materiellen Absicherung und schöpferischen Arbeit auf der Baustelle lebt auch diese Bauaufgabe von einer durchgängigen Handschrift.

Nachstehende Ausgangsüberlegungen lagen dem Ideenentwurf zugrunde:
– Ausformung einer klaren äußeren Begrenzung mit artikulierten räumlichen Bezügen zu den angrenzenden großen Baudenkmälern mit ihren Straßen und Plätzen

– zunehmende städtebauliche Verdichtung und Differenzierung von außen nach innen mit dem Ziel der Rückgewinnung ursprünglicher Raumqualitäten und -charaktere
– Behandlung der Übergänge, der Nahtzone zwischen historisch Überliefertem und Neuem ohne die Gestaltmittel des Kontrastes im Interesse einer hohen Integrationswirkung und Ensemblebildung
– Ausprägung und Akzentuierung der abschließenden Gestaltlösung mit Werken der bildenden Kunst aus der Vergangenheit und Gegenwart, des geschmiedeten Stahls, dekorativer Elemente, der Pflasterung, Bepflanzung und Beleuchtung sowie der Werbung und Information.

Ganz von den Bedingungen unserer Zeit bestimmt, wie Ideenskizzen und Modellversuche belegen, ist das Nikolaiviertel zu einem charakteristischen Stück Stadtbaukunst aus seiner Entstehungszeit – das sind die 80er Jahre des 20. Jahrhunderts – geworden, in dem sich ein wandelndes Geschichtsbewußtsein sowie eine weiterentwickelte Auffassung gegenwärtiger Architektur widerspiegeln.

Konstituierende Faktoren ergeben sich aus der städtebaulichen Situation, die dem Gebäude zwischen der Spandauer und der Poststraße einen führenden dynamischen Charakter zuordnet, während das Haus zwischen der Poststraße und der Spree im Sinne des Kontrapunktes eine ruhende statische Grundhaltung vermittelt. Aus ihrer Wechselwirkung ergibt sich eine plastisch differenzierte maßstäbliche Gestaltung im Bereich der Poststraße, die etwas von der Gliederung signalisiert, von der das Innere des Gebietes bestimmt ist. Von der Nutzung her betrachtet, erheben sich über den aus weißem Werkstein gefertigten Bögen farbig abgesetzt die lastenden Gebäudeteile des Wohnungsbaus, die mit innenliegenden und plastisch gegliederten Loggien gestaltet wurden und mit dem Dach ihren oberen Abschluß er-

hielten. Ihr Erscheinungsbild lebt vom Wechsel der Haupt- und Nebenthemen, der Ruhe und Bewegung als Ausdruck eines spannungsvollen Kräfteverhältnisses, der Proportion im Ganzen und in seinen Teilen, dem Verhältnis von Fläche und Öffnung, einer Lösung des Widerspruchs, der sich aus der Schichtung gleicher Wohnfunktionen und den Gestaltgesetzen eines Körpers als Ganzes ergibt. Dazu kommen historische Adaptionen, wie Giebel, Gaupen, Arkaden und Erker, die mit den heute möglichen Mitteln des industriellen Bauens – den vorgefertigten Werksteinaußenwandplatten – den Häusern wieder eine ursprünglich wirkende Hülle geben. Sie reagieren auf spezifische räumliche und funktionelle Situationen ohne falsche Restaurationstendenzen, aber mit einer der Situation respektvoll verbundenen Haltung. Aus dem Wissen um die Architektur vergangener Zeiten suchen sie Rechenschaft abzulegen, wie geartet die Baugedanken waren, welcher Sinn ihnen zugrunde liegt und wie wir künftig beim innerstädtischen Bauen die an eine massenhafte Wiederholung gleicher Lösung gebundene Eintönigkeit vermeiden können, die zum Verlust der Individualität eines Stadtbildes führt.

Es geht auch und besonders bei dieser konkreten Bauaufgabe um eine lebendige Baukunst, die die Kenntnis und Beherrschung der Formen mit ihren Ordnungsprinzipien und Ausdruckswerten im Interesse eines reicheren Wahrnehmungserlebnisses voraussetzt. Dafür geben besonders auch jene reichen Erfahrungen und Gestaltungsgesetze vergangener Epochen, ihre kritische Aneignung und ihr Aktivieren für unser heutiges Bauen die notwendige Sicherheit. Zusammen mit einer baukünstlerischen Beherrschung einer anpassungsfähigen modernen Bauweise in Verbindung mit einem angemessenen Umfang traditioneller Technologien bilden sie eine wesentliche Voraussetzung dafür, daß die Gestalt der Gebäude, Räume und Ensembles Zeugnis unserer Zeit und ihrer Auseinandersetzungen einerseits und zeitlos Gültiges andererseits sein können.

Diesen Kernbereich der Stadt wieder zu einer charakteristischen Wohnlage werden zu lassen spiegelt zugleich das Anliegen wider, die aufgewendeten Investitionen vor allem hinsichtlich der sozialen und kulturellen Wirkungen auf das Leben in dieser Stadt bestmöglich zu nutzen.

Gestützt auf Untersuchungen der örtlichen Situation der historischen Bedingungen, der denkmalpflegerischen Substanz einerseits und der Ausformung des Profils dieser Stadt andererseits, richtete sich die Arbeit auf die Entwicklung eines lebendigen städtischen Zentrumsbereichs, der in seiner baukünstlerischen Gestaltung das Einmalige, Besondere, das Wesentliche der Bauaufgabe – den Bezug zur Gründungsstätte Berlins – wirksam geltend macht und auf diese Weise unverwechselbar Zeitgebundenes als konsequente Ausprägung heutiger Gestaltungsmöglichkeiten ausstrahlt. Das große Interesse an dem vielschichtigen künstlerischen Medium kulturvollen Bauens sowie die öffentliche Resonanz auf den Lösungsvorschlag für dieses innerstädtische Zentrumsgebiet belegen, in welchem Maß Städtebau und Architektur künftig überall in Altstädten zu einem unverzichtbaren Bestandteil demokratischen Mitgestaltens werden müssen. Sie fordern, daß städtebauliche Raumbildung und architektonisches Erscheinungsbild Träger sinnlich-emotionalen Ausdrucks unserer Zeit sein sollte.

Im Prozeß des Wägens und Wertens, der Auswahl der geeignetsten Gestaltungsmittel für eine gültige Entscheidungsfindung bieten gute bauliche Nachbarschaften besonders viele Anregungen. Das Rote Rathaus, das an märkische Baukunst anknüpft und historische Backsteinarchitektur mit Renaissanceformen verbindet, setzt mit seinen Terracottatafeln der „Steinernen Chronik" und dem reich gestalteten Schmie-

detor des Hauptportals Maßstäbe. Untersuchungen mündeten in einen Lösungsvorschlag, in Anlehnung an das bauliche Gegenüber, plastisch gestaltete und mit roten Spaltklinkern kontrastierend abgesetzte Außenwandelemente zu entwickeln und einzusetzen. Das galt zunächst für den Baukörper zwischen der Straße „Am Nußbaum" und der Kreuzung der ehemaligen Rathausstraße mit der Spandauer Straße. In diesem Zusammenhang gewann die Gestaltung des Giebels zur Rathausstraße gegenüber dem Rathaus besondere Bedeutung mit einer bildkünstlerischen Darstellung, die Berlin als Stadt des Friedens ehrt. Der Entwurf lag in den Händen des Bildhauers Professor Gerhard Thieme. Der Einsatz der Außenwandelemente mit Klinkern findet entlang der Spandauer Straße in modifizierter Form seine Fortsetzung. Das gilt für den Baukörper zwischen der Straße „Am Nußbaum" bis zum Durchgang zur Probststraße und in Richtung Mühlendamm in Gestalt von zwei Doppelgiebeln.

Ein ähnlicher Prozeß leitete sich aus der Zielstellung ab, dem Chor der Nikolaikirche mehr Wirkung nach außen zu verleihen und den Bürgerhäusern des Nikolaikirchplatzes mit weiteren Bürgerhäusern als Gegenüber dem ehrwürdigen Kirchenbau einen angemessenen Rahmen zu geben. Im Ergebnis der Untersuchungen mit dem Ziel einer weiteren Entwicklung der städtebaulich-architektonischen Qualität gewann eine Lösung den Ausschlag, die den städtebaulichen Raum um Nikolai in seinem intimen Charakter weitgehend erhält, mit der partiellen Aufweitung der Eiergasse die städtebauliche Wirkung des Chores nach außen erhöht und mit dem Bau weiterer Bürgerhäuser zu einer harmonischen Abrundung des Gebietes beiträgt.

Aus der Erhöhung des Anteils farbig gestalteter Flächen leitete sich die Anregung ab, geputzte Flächen der Neubauten in industrieller Bauweise, besonders die Arkaden und Loggiabereiche, mit kontrastreicheren Farben in ihrer Ausformung zu unterstreichen und damit Altes und Neues in harmonischer Ausgewogenheit zu verbinden. Die in einer schöpferischen Auseinandersetzung entwickelten Lösungsvorschläge hatten das Ziel, zu einer weiteren Entwicklung der baukünstlerischen Wirkung beizutragen.

Abgestufte Neubauten mit knapper Höhenentwicklung, die nicht kontrastierend, sondern in harmonischer Verbindung zu der historischen Substanz errichtet wurden, schaffen entlang der Poststraße einen Übergang zur Randbebauung des zentralen Grünraumes zwischen der Spree und dem Ensemble des Fernsehturmes mit einem Fluidum städtischer Atmosphäre – auch eine Frage der Übereinstimmung des harmonischen Überganges unterschiedlicher maßstäblicher Größenordnungen zwischen dem weiträumigen Berliner Zentrum und der differenzierten Raumfolge mit der wesentlich kleinteiligeren überschaubaren Gliederung, wie sie einem historischen Stadtkern entspricht.

Dieser Straßenraum wird bestimmt von der Gerichtslaube, die mit ihren Gewölben als Gaststätte genutzt wird. Der nördlich vorgelagerte Platz erhält seinen eigenständigen Zusammenhang aus dem Rhythmus der Arkaden. Über diesen Bögen wurde ein Relief von Professor Thieme über wichtige Etappen des Werdens dieser Stadt und die Leistungen ihrer Bürger gestaltet. Dieses Relief zur Geschichte Berlins vermittelt historische Begebenheiten mit plastischer Anschaulichkeit. Im Mittelpunkt stand die Suche nach Möglichkeiten, die Bandbreite der Fertigungsmöglichkeiten in Betonwerkstein zu erweitern.

Der Gestaltungsvorschlag der bildkünstlerischen Konzeption geht aus von der städtebaulich-architektonischen Grundidee, an der Gründungsstätte Berlins ein Ensemble aus wertvollem Überliefertem und dem Gegenwärtigen zu einer harmonischen Einheit zu entwickeln. So wie die Zeugnisse der Berliner Baukultur und Geschichte mit hohem Erinnerungswert in die Konzeption einbezogen werden, konnten neben zeitgenössischen Leistungen der bildenden Kunst historische Bildwerke, die bisher der Öffentlichkeit nicht zugänglich waren, aufgestellt und mit den Gebäuden und städtebaulichen Räumen zu einer künstlerischen Gesamtwirkung verknüpft werden. Im Sinne einer komplexen Stadtbildgestaltung wurden dazu Elemente der Außenwerbung, Straßenleuchten und -schilder, Gitter, gußeiserne Pumpen und Briefkästen einbezogen. Von den kleinen Gaststätten und einem Bierausschank, die den Platz vor der Gerichtslaube umgeben, werden die Freiflächen eines Biergartens versorgt. Leuchten und Bepflanzungen auf der Terrasse einer im Obergeschoß eingeordneten Pizza-Gaststätte verleihen diesem städtebaulichen Raum sein spezielles Fluidum. Einbezogen wurde in die Bebauung das schmale Wohn- und Geschäftshaus Poststraße 30 mit seiner Kalksteinfassade, um 1907 von Gustav Hart & Moritz Ernst Lesser errichtet.

Die Eingangssituation in die Poststraße wird bestimmt durch eine Reihe kleiner und großer Gaststätten, wobei der dem Wohnblock diagonal vorgelagerte zweigeschossige Baukörper mit seinen charakteristischen Erkerausbildungen – städtebauliche Antwort auf das gegenüberliegende Palasthotel – für die Gäste besonders einmalig reizvolle Blickbeziehungen ermöglicht. Hier breitet sich das schöne Panorama aus mit den charakteristischen Gebäuden des Berliner Stadtzentrums: mit dem Berliner Dom und dem Palast der Republik an der Spree, dem Fernsehturm mit der Marienkirche, dem Roten Rathaus und der Gerichtslaube. Ein Boulevardcafé, eine Kellergaststätte und ein Weinkeller runden die Palette des gastlichen Angebots ab.

Die Randbebauung entlang der Rathausstraße

folgt in ihrer Höhenentwicklung und Gliederung dem weiträumigen Maßstab des städtebaulichen Raumes zwischen der Spree und dem Alexanderplatz. Die Gebäude erhielten auch hier im Sockelbereich Arkaden, eine zweckmäßige und schöne Gestaltung, die vor jedem Wetter schützt. Ihre lebhafte rhythmische Raumgliederung mit dem Wechsel von Stütze und Bogen bildet den zusammenfassenden Rahmen für die bunte Mannigfaltigkeit der kleinen Läden mit ihren differenzierten Angeboten. Maßstäblich gefaßte Schaufenster, zurückhaltend und sorgfältig gestaltete Schrift- und Signetelemente der Werbung und Beleuchtungskörper an den Scheiteln der kreuzförmigen Deckenabschlüsse bestimmen in den Tages- und Nachtstunden das charakteristische Erscheinungsbild. Diese gesellschaftlichen Einrichtungen wirken mit ihrem auf das Angebot unmittelbar bezogenen Fluidum stimulierend, weil sich mit dem Aufsuchen einer speziellen Gaststätte oder eines Ladens ein von vielen anderen Einrichtungen und Faktoren bestimmtes Zentrumserlebnis verbindet, dessen Anziehungskraft zu wiederholten Besuchen anregt.

Auf dem kleinen Platz vor der Nikolaikirche, dem räumlichen Kern des Ensembles, liegt eine nach einer Idee des Architekten, von Prof. Thieme gestaltete runde Bronzeplatte mit dem ältesten Siegel der Stadt, die den Ort der Stadtgründung markiert. Gleich neben ihr befindet sich der „Gründungsbrunnen". Als fester ruhender Pol hilft er, den dramatischen Kontrast zwischen dem horizontalen Pflasterboden und der Vertikale des aufstrebenden Sakralbaues zu vermitteln, um so dem Raum eine klare Orientierung zu geben. In Körpergröße und Gestalt nimmt er Bezug auf das große Volumen des Turmsockels, wirkt als kommunikativer Schwerpunkt stadtbildprägend und ist ein Symbol des sich erneuernden Lebens der Stadt. Knappe umlaufende Stufen heben das

Natursteinbecken vom Platz mit seiner konzentrisch gegliederten Pflasterstruktur ab. Die Flächen des großen Wasserbeckens tragen als Relief die Siegel der ältesten Handwerkervereinigungen, der „Viergewerke" von Berlin und Cölln, wie sie uns urkundlich überliefert sind. Die zentrale wasserspendende Mittelsäule findet ihren oberen Abschluß im Berliner Wappentier, dem Bären mit einem Schild, das den askanischen Adler der Stadtgründer zeigt. Das Ganze wird von einer geschmiedeten dekorativen Bekrönung zu einer räumlich reichen, transparenten Silhouette zusammengefaßt.

Auf der Grundlage der architektonischen Gestaltidee wurden die Wappenskulptur und die Sandsteinreliefs von Professor Thieme geschaffen.

Der Entwurf für die Metallgestaltung der geschmiedeten Bekrönung, ihre Fertigung und Montage lag in den Händen des Berliner Kunstschmieds H. J. Kunsch. Mit dieser Arbeit ging für ihn und seine Schmiedewerkstatt ein bedeutender Arbeitsabschnitt zu Ende, der bestimmt war von Zuverlässigkeit, Gediegenheit und gestalterischer Disziplin. Seine Handschrift tragen viele geschmiedete Giebelbekrönungen, Ausleger, Tore, Gitter und Geländer – so auch die Rokokogitter an der Fassade des Ephraim-Palais. Immer war es ein langer Weg von der ersten Ideenskizze bis zum fertigen Kunstwerk, das mit der Montage seiner eigentlichen Bestimmung als wesentlicher Teil des Ganzen übergeben wurde. Die Ursprünglichkeit und lebensvolle Schönheit des geschmiedeten Stahls strahlt etwas an Bauaufgabe und Standort Gebundenes aus, ist geprägt von der Kenntnis der Eigenschaften des Werkstoffs und dem Wissen um die Gesetze der materialgebundenen Formgebung. Kunsch hat seine Arbeiten selbst entworfen. Gestalterische, werkgerechte Details und handwerkliches Feingefühl bei der Bearbeitung der Oberflächen lagen in einer Hand.

Mit schöpferischer Klarheit und individuellem Gespür für Maßstab und Proportion hat er mit „seinem" Material Gesicht und Gestalt des Nikolaiviertels auf persönliche Weise bereichert. Die Vergoldungen von A. Schulze sind einerseits Oberflächenschutz, andererseits von hoher dekorativer Wirkung.

Ein Zentrum der Berliner Gastlichkeit

Gaststätten sind wertvolle Zeugen der Kulturgeschichte, Spiegelbild des Reisens und Rastens, wirtschaftlicher und kultureller Entwicklung. Das älteste Gasthaus Berlins befand sich in der Nähe der Furt, später an der Mühlendammbrücke am Krögel, Molkenmarkt 3. Im späteren Mittelalter gewannen die Gasthäuser mit dem Übergang zur Geldwirtschaft und der Zunahme reisender Kaufleute immer mehr an Bedeutung. Mit wichtigen Beratungen, städtischen Feiern und Festlichkeiten wurden Gaststuben Zeuge eines unabhängigen, starken Bürgertums. Im 18. Jahrhundert wurde in Europa der Kaffee heimisch und Kaffeehäuser entstanden.

Im 19. Jahrhundert folgten die „Berliner Kneipen", oft an den Ecken der Mietquartiere mit ihren Hinterhöfen als geselliger Treffpunkt der arbeitenden Bevölkerung. Sie entwickelten sich oft zu Vereinsräumen für organisierte Zusammenkünfte und Schulungen. Über die großen Nobelherbergen, Restaurants und Cafés des ausgehenden 19. Jahrhunderts finden wir heute wieder zu maßvoll eingerichteten, unaufdringlich und gediegen gestalteten Gasträumen unterschiedlichster Art zurück, die in der langen, reichen Kultur ihrer Vorgänger stehen. Nützlichkeits- und Zweckmäßigkeitsüberlegungen und technischer Komfort haben Einzug gehalten; immer sollte aber die arbeitserleichternde Technik im Dienst hoher gastlicher Qualität stehen.

Im Nikolaiviertel befinden sich 22 Gaststätten, historische, wie der „Nußbaum", „Zur Rippe" und die „Historischen Weinstuben", ergänzt durch neue Restaurants und Cafés mit spezifischen Angebotsprofilen. Ihre städtebauliche Einordnung und architektonische Gestaltung, die Blickbeziehungen und die Qualität der Innengestaltung bilden heute die Voraussetzung für ein hohes gastliches Niveau mit speziellen Speisen und ausgesuchten Getränkesortimenten, bestimmen tagsüber und in den Abendstunden das unverwechselbare Kolorit des Ensembles entscheidend mit. Angefangen vom Straßenverkauf zur schnellen und preiswerten Versorgung mit verschiedenen Imbißsortimenten über rustikale Kellergaststätten, Wein- und Bierstuben sowie Cafés bis hin zu anspruchsvollen Speiserestaurants reichte die Aufgabenstellung für eine breite Palette differenzierter Möglichkeiten. Hervorzuheben sind die Gaststätte „Schwalbennest", das „Ephraimrestaurant" und das „Fondue", Cafés mit unterschiedlichem Charakter „Café Flair", „Spreeblick", das „Rathauscafé" und das „Nikolaicafé" sowie das „Café im Ephraimpalais". Eine besondere Rarität sind die Wein- und Bierstuben in der historischen Gerichtslaube und die „Historischen Weinstuben" im Knoblauchhaus, ergänzt durch einen Weinkeller in den historischen Gewölben des kulturgeschichtlich bedeutenden Hauses. Doch finden sich auch Schnellgaststätten, wie „Zu den Arkaden" mit dem „Imbiß", dem „Grill" dem „Suppentopf" und der „Pizza", ergänzt durch den Biergarten mit gesondertem Bierausschank. Das Spreebufett und der Weingarten an der Spree bieten viele kleine Terrassenplätze. Gerade diese Voraussetzungen für ein ideenreiches gastronomisches Angebot belegt die Bedeutung maßstäblich städtebaulicher Räume, die Qualität der Innengestaltung gastlicher Räume und das, was ein spezifisches Gaststättenfluidum unmittelbar zu leisten vermag. Persönliche Initiativen unter den Bedingungen der freien Marktwirtschaft finden hier ein weites Feld günstiger Bedingungen.

Ein Zentrum des Handels

Die markgräflichen Askanierbrüder Johann I. und III. verliehen mit der Erhebung der Siedlung an der Nord-Süd-Handelsstraße zur Stadt Berlin als Privileg das Niederlagerecht. Dieses handelspolitisch wichtige Recht, das den wirtschaftlichen Aufstieg der Stadt entscheidend förderte, zwang die durchreisenden Kaufleute, ihre mitgeführten Handelswaren zum Verkauf anzubieten oder sich durch Zahlen des Durchgangszolls freizukaufen. Schwerpunkt des städtischen Handels war der Molkenmarkt. Heute wissen wir, daß die Gebäude südlich vor der Nikolaikirche eine Überbauung alter Marktbuden mit Wohnhäusern sind. Sie sind in der Struktur der Stadt als schmale, hoflose Grundstücke zu erkennen, die sich von der planmäßigen Parzellierung der bürgerlichen Quartiere abheben. Dieser Vorgang ist in vielen mittelalterlichen Städten festzustellen und wird bewiesen durch die Tatsache, daß für diese Grundstücke der höhere Buden- und Hökerzins bis ins 16. Jahrhundert an den Rat zu zahlen war.

Die zahlreichen historischen Fotos des Meßbildarchivs belegen eine Vielzahl unterschiedlichster Verkaufseinrichtungen, die früher in diesem Viertel vorhanden waren. Mit der Neugestaltung des Gebietes wurden für die Versorgung der etwa 2000 Bewohner die notwendigen Ladengeschäfte eingeordnet. An den historischen Bürgerhäusern der Probststraße signalisieren differenziert gestaltete geschmiedete Ausleger und auf Putz gemalte Schriften kleine Verkaufseinrichtungen für Blumen, Gewürze, Gebäck, Tabakwaren, Kaffee, Tee und Süß-waren sowie die historisch eingerichtete Theodor-Fontane-Apotheke.

Neben der Verkaufseinrichtung für das Berliner Handwerk haben sich repräsentative Verkaufseinrichtungen für „Brühlpelz", „Plauener Spitze" und „Berliner Strickmoden" niedergelassen. Ein Uhren-Schmuck-Geschäft und die Musikalienhandlung „Carl-Friedrich-Zelter-Haus" sind zu Magneten des Nikolaiviertels geworden, ergänzt durch Läden für Modeartikel, Spielkarten, Kosmetik und Lederwaren. Die Kleinteiligkeit der Verkaufseinrichtungen, ihr spezifisches Angebot, ihr individuelles Erscheinungsbild in städtebaulichen Räumen entspricht den Anforderungen eines historischen Zentrumsbereiches und vermittelt ein abwechslungsreiches Stadtbild.
Neue individuelle Formen des Handels werden zweifelsfrei die Attraktivität des Nikolaiviertels unter veränderten gesellschaftlichen Bedingungen fördern.

Ein Zentrum kultureller Einrichtungen

Es zählt zum Wesen der Gestaltungskonzeption, wertvolle überlieferte Zeugnisse der Vergangenheit in eine lebendige Beziehung zu den Aufgaben der Gegenwart zu setzen und sie mit zeitgenössischen Nutzungen dem kulturellen Leben der Öffentlichkeit zugänglich zu machen. In diesem Sinne stellt die gestalterische Qualität des Nikolaiviertels spezifische kulturelle Ansprüche. Das gilt im besonderen Maße für die Nikolaikirche, ein Bauwerk mit einer für die Geschichte der Stadt einmaligen Bedeutung. Mit kulturellem Anspruch und handwerklicher Meisterschaft wiederaufgebaut, zählt dieses älteste Zeugnis der Stadtwerdung heute wieder zu dem bedeutendsten Bestand der Stadt. Das Gebäude selbst und eine Ausstellung über das Werden Berlins mit dieser seiner ersten Pfarre zum hl. Nikolaus, Schutz-

„Der Heilige Georg im Kampf mit dem Drachen" an seinem ursprünglichen Aufstellungsort im ersten Hof des Königlichen Schlosses (Meßbildfoto)

patron der Kaufleute, wird zum kulturellen Leben der Stadt mit dem vorgesehenen Einbau einer Orgel der Fa. Jähmlich, Dresden, für die Pflege der Barockmusik Berlins Wesentliches beitragen. Es zählt zur Geschichte dieses Bauwerkes, daß mit Paul Gerhardt die evangelische Kirchenmusik von hier aus weltweit ihre Verbreitung fand.

Ein dem kulturellen Leben Berlins ebenfalls zurückgewonnenes architektonisches Werk ist das wiederaufgebaute Ephraim-Palais. Das von schönen Natursteingliederungen geprägte Eckbauwerk der späten Zeit brandenburg-preußischen Barocks mit reich gegliederten Rokoko-

gittern, der großen Wirkung seiner Raumfolge mit dem charakteristischen Treppenhaus und den Raumfluchten dient dem Märkischen Museum als Ausstellungsgalerie.

Das Knoblauchhaus präsentiert nach durchgreifender Rekonstruktion bürgerliche Wohnkultur aus der Zeit des frühen Biedermeier mit zahlreichen Zeitzeugnissen. Die außergewöhnlichen Leistungen der Familie für die Stadt Berlin auf kommunalpolitischem, kulturell-künstlerischem, wissenschaftlich-technischem und humanem Gebiet findet ihre späte Würdigung in der öffentlichen Nutzung ihres Stammhauses. Mit überlieferten kostbaren kulturhistorischen Einrichtungsgegenständen zeugt es zugleich von seinen früheren Besuchern, wie dem Architekten Schinkel und seinem Mitstreiter bei der Förderung des Gewerbes, Beuth, dem Philosophen und Theologen Schleiermacher sowie den Bildhauern Schadow, Rauch und Begas, die entscheidend beitrugen, Berlin zu einem kulturellen Zentrum europäischen Formates zu entwickeln.

Besondere Erwähnung verdient das dem Märkischen Museum zugeordnete Handwerks-museum. Es hat sich verdient gemacht um die anschaulich gestaltete Würdigung der ersten, der ältesten Berliner „Viergewerke": der Tuchmacher, der Bäcker, der Fleischer und der Schuster. Das der Theodor-Fontane-Apotheke zugeordnete kleine Apothekenmuseum zählt ebenfalls zu den kulturell wertvollen Zeugnissen mit seinen geschichtlichen Bezügen zu den ältesten Apotheken der Stadt in diesem historischen Kiez.

Auch die der Öffentlichkeit wieder zugänglich

Der „Drachentöter" vor der Bergung.
Das Foto zeigt den Zerstörungsgrad des Berliner Schlosses und die Möglichkeiten seines Wiederaufbaus.
Der Abriß war ein politischer Willkürakt und stellt heute neue Fragen, wie mit noch erhaltenen Spuren im Stadtbild verfahren werden sollte (Foto G. Stappenbeck).

gewordenen Werke bildender Kunst aus den Depots der Staatlichen Museen zu Berlin und aus dem Märkischen Museum bringen zum Ausdruck, in welchem Maß unser heutiges Leben verbunden ist mit all dem, was in der Geschichte in schöpferischer Auseinandersetzung entstanden ist. Dazu zählen ein auf Schadow und Rauch zurückgehender Marmorfries „Walten der Ärzte" im Apothekenmuseum aus dem Bestand des Märkischen Museums, die Begas-Plastiken „Fortifikation" und „Stärke"; ebenfalls aus Carraramarmor aus dem Depot der Nationalgalerie die Bronzeplastik „Kampf des kleinen Georg mit dem Drachen" von Kiss, das Brunnenbecken in der Eiergasse – um nur die Wesentlichsten zu nennen.

EINE TYPISCHE WOHNADRESSE

Der historische Kernbereich hebt sich seiner sozialen Bestimmung nach ab vom City-Charakter jener Städte, die das Wohnen wegen hoher Bodenpreise weitgehend in die Randbereiche der Stadt drängen mußten.

Ausgehend von städtebaulichen Grundregeln, begrenzen die neuen Wohngebäude wieder die traditionellen Straßen- und Platzräume. Generell wurden in den Erdgeschossen Gaststätten, Läden, Dienstleistungseinrichtungen oder solche der Kultur eingeordnet. Die Wohnungen entsprechen in ihrem Zuschnitt und Ausstattungsstandard den staatlichen Normativen, so daß hinsichtlich der sozialen Bedingungen bei der Vergabe keine ökonomischen Grenzen wirksam waren. Daß sich das Nikolaiviertel heute als Wohngebiet zwischen dem Rathaus und der Spree großer Beliebtheit erfreut, verdankt es vor allem seinem städtebaulichen Maßstab, seiner historischen Bedeutung und der zentralen Lage im Zentrum Berlins.

Die Erschließung der Gebäude an der Rathausstraße erfolgte in erweiterten Wohnsektionen mit kurzen Stichfluren von 24 und 30 Metern Länge. Das ermöglicht für die kleinen Gaststätten und Läden in den Erdgeschossen eine untere wirtschaftliche Größe zwischen den Treppenhaus- und Aufzugskernen und schafft gute Erschließungsbedingungen mit relativ geringen öffentlichen Flurflächen. Die Wohnungsfläche variiert in den Bereichen der Innen- und Außenecken sowie bei den Anschlüssen an vorhandene, erhaltengebliebene Bausubstanz. Für die wiederaufgebauten historischen Bürgerhäuser am Nikolaikirchplatz und an der Probststraße ergeben sich die Wohnungsgrundrisse aus dem jeweiligen Zuschnitt der Gebäude. Im ganzen wurden folgende Wohnungen gebaut:

Wohnungen										
Block	A	B	C	D	E	F	Ephraim-Palais	Nikolai-kirchplatz	Probst-straße	Gesamt
1 Raum	111	160	41	16	31	52	–	1	10	422
2 Räume	26·	25	18	16	6	15	–	6	5	117
3 Räume	32	51	18	1	7	26	1	16	7	159
4 Räume	1	23	10	19	6	11	–	4	3	77
5 Räume	–	1	4	–	1	–	–	1	–	7
Gesamt	170	260	91	52	51	104	1	28	25	782

Ein Ausblick auf die künftige Stadtentwicklung und Stadterneuerung

Nach dem historischen Bezug, dem „Woher", ist das „Wohin" einer künftigen Entwicklung zu überdenken. Eine solche Fragestellung ist eingebettet in den gesamtstädtischen Zusammenhang. Vieles, was im Nikolaiviertel als ein im Prozeß der Reproduktion der Stadt vorerst abgeschlossener Vorgang anzusehen ist, harrt in vielen anderen Bereichen der Stadt dringend der Erneuerung. Und dennoch ist die Frage nach dem Künftigen zu stellen, denn eine Stadt unterliegt in ihren Teilen dynamisch den sozialen, und daraus abgeleitet, baukünstlerischen Prozessen. Wie sollte da ein so pulsierendes Kerngebiet der Stadt ausgeschlossen sein? Neue Aufgaben, Bauaufgaben werden mit Notwendigkeit nachdrängen, zur Ergänzung, Ablösung, Fortschreibung und Weiterentwicklung beitragen.

Denkbar ist beispielsweise die Umgestaltung überlieferter Bausubstanz zu einem kleinen Hotel oder die Gestaltung einer lebendig gegliederten Passage zwischen der Poststraße und der Spreepromenade mit Läden und Gaststätten in den zu überdachenden Innenhöfen des Kurfürstenhauses. Auch die räumliche Verbindung zwischen der Straße „Am Nußbaum" und den Rathauspassagen durch das Rote Rathaus ist einer künftigen Überlegung wert, die allerdings auch verkehrstechnische Konsequenzen voraussetzt – das alles sind Ideen, die konzeptionelle Möglichkeiten verkörpern,

denkbare Entwicklungsschritte belegen sollen.

Ein solches Herangehen schließt die Frage nach der Kulturwertpflege der Stadt unter den Bedingungen einer neuen deutschen Hauptstadt ein und in diesem Zusammenhang die Rolle baukünstlerischer Gestaltung; was sie bewirkt, was sie bewirken könnte, und wohin sie sich entwickeln sollte. Klärend wäre zunächst die Feststellung, wohin sie sich nicht entwickeln dürfte: zur Auflösung unseres Lebens in Teilfunktionen, die zur Einförmigkeit, Eintönigkeit, zu mangelnder Sinnlichkeit, Formen- und Ausdrucksarmut, zu Anmutsverlust führen. Die Rolle baukünstlerischer Gestaltungsqualität ist im Kern die Frage nach ihrer Maßstäblichkeit und Humanität, ihrer Anmut und Poesie. Diese Humanisierung im Prozeß der Stadtentwicklung setzt die Kenntnis von Ausdrucksformen und Wahrnehmensweisen, von „Senden" und „Empfangen" voraus.

Bauen, auch künftiges Bauen in einem geeinten Berlin sollte im Nikolaiviertel identitätsfördernd wirken, sollte sich anschließen an Vorgefundenes und sich mit diesem schöpferisch auseinandersetzen. Es bleibt die Einsicht, zu wünschen, daß Gestaltungsfragen dieser Art von zentraler Bedeutung sind, daß es auch hier im Visuellen einen sozialen Anspruch geben muß. Diese Verantwortung im Bildnerisch-baukünstlerischen des öffentlichen Raumes ist heute in besonderem Maße eine soziale Auf-

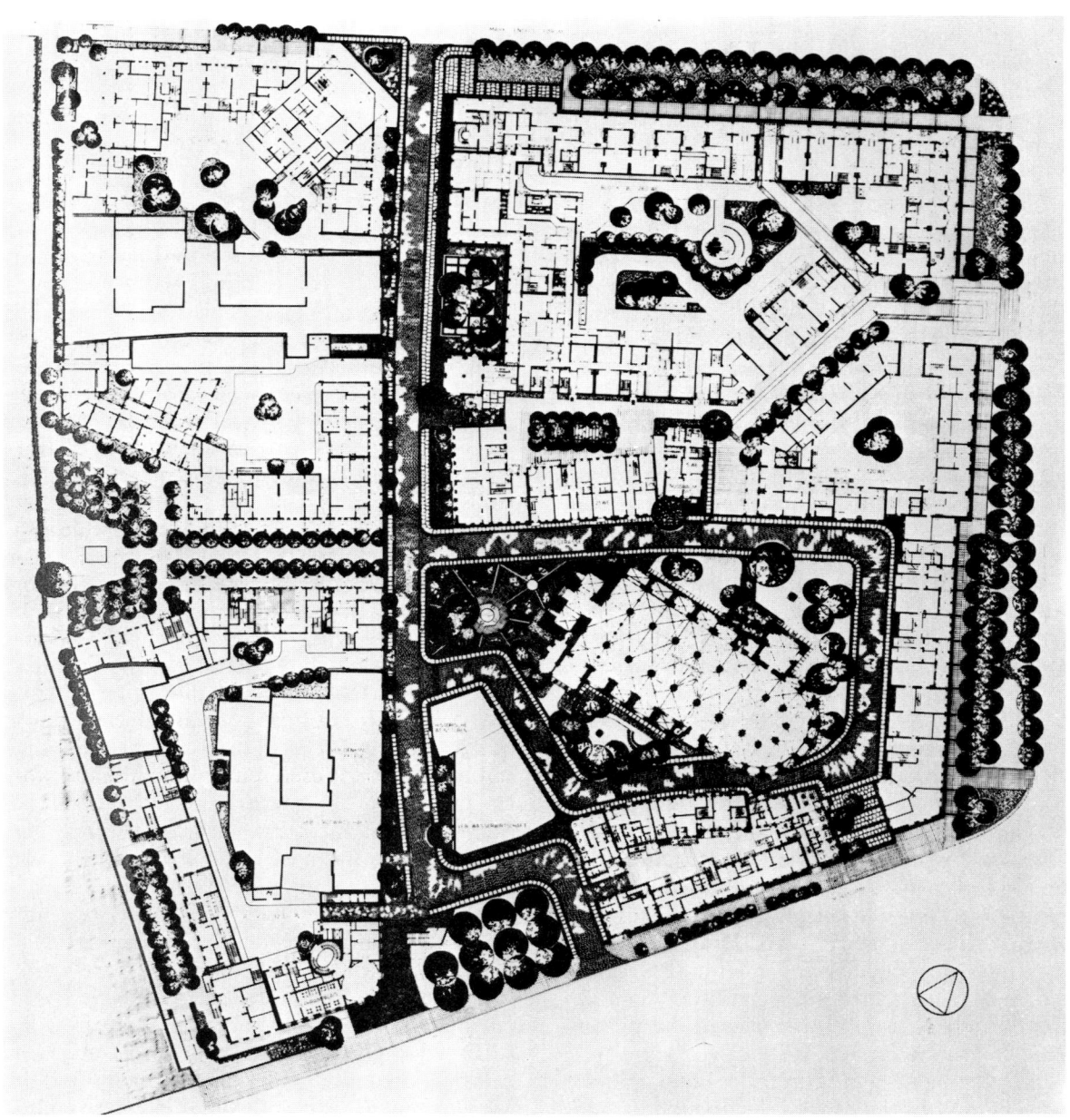

Der Lageplan des Nikolaiviertels mit seinen Spuren kreativer Gestaltung ist der natürliche Rahmen sowie die Grundlage für eine künftige Weiterentwicklung seines ideellen und gebauten Konzeptes mit seinen Werten und Hoffnungen.

gabe. Ihr Wert als künstlerischer Besitz wird von seiner Gestaltqualität bestimmt. Ganzheitlich fügt sich von hier aus eine Rang- und Reihenfolge der Aufgaben mit unterschiedlicher Wertung. Hinzugefügtes ist seiner inhaltlichen Bedeutung entsprechend einzuordnen, statt, wie so oft, es bedenkenlos als Gewohntes beiseite zu schieben. Wir brauchen vertraute Häuser und Räume mit individuell geprägtem „Gesicht" als Orientierungshilfe. In einer Zeit des politischen Aufbruchs ist eine konsolidierende Sicherung und Mehrung des Kulturwertes überlieferter Bausubstanz und des neu zu Bauenden oberstes soziales Gebot. Dieser Kulturwert ist gebunden an Identifikation, die in der Kontinuität des Überlieferten steht. Es geht um eine Bindung, die eine Stadt nicht zu einem Museum werden läßt, sondern Anregung zum Wandel wird – die identitätsfördernd auf heutige vielgestaltige und abwechslungsreiche Lebensvorgänge wirkt und auf diese Weise zu gebauten Zeugnissen unserer Zeit führen kann. So gesehen ist die Auseinandersetzung mit Baugeschichte nicht verharrende Rückschau, sondern vor allem Mitteilung zeitloser, von Moden unabhängiger Gesetze, die noch heute aktuell, weil zeitlos als Erfahrungsschatz wirken. Sie sind ein Stück Baukultur.

Bauen, auch künftiges Bauen im Nikolaiviertel, kann nicht nur Beseitigung oder Vernichtung voraussetzen. Es erfordert Vervollständigung, Ergänzung, Weiterentwicklung. Der Bau dieses Viertels bedeutete, das neu zu Schaffende in einen sinnvollen Zusammenhang mit dem Überlieferten zu stellen. Architektur muß Kunst des Bauens bleiben, eine Kunst, die im öffentlichen Raum wirkt – sozial und künstlerisch. Ihr Stellenwert spiegelt sich in dem Maß wider, wie sie unsere Epoche prägt. Die Wertschätzung der Baukunst vergangener Tage ist heute mehr denn je ein gesellschaftliches Erfordernis. Gestalterischer Quali-

tätsanspruch sollte mehr in das öffentliche Bewußtsein gehoben werden, damit unsere Sensibilität auf diesem Gebiet nicht verkümmert. Wenn die schöpferische Komponente von widersprüchlichem Zweckdenken verdrängt wird, wenn Bauen vor allem aus Ökonomie und Technologie bestehend verstanden wird, ist das Mißverständnis komplett, daß sich Planer und Organisatoren als Entwerfer und Architekten verstehen, Kubikmeter umbauter Raum zum geringsten Preis Auftraggebern angeboten werden, die „Bauherren" in ihrer historischen Bedeutung nicht mehr präsent sind und das Künstlerische nur als vermeidbarer Mehraufwand mit Aufpreis verstanden wird. Mit dem Bauen ist Schönheit zu suchen und das in der alltäglichen Praxis jederzeit geltend zu machen.

Stadterneuerung, das ist keine blind auf Wachstum und Fortschritt um jeden Preis setzende Konzeption. Es zählt zum Sinn des Lebens in dieser unserer Welt, künftig mehr als bisher Produktionsgewinn mit Humanitätsgewinn nahtlos zu verbinden, den gesellschaftlichen Aufbruch in eine neue faszinierende Stadtbildentwicklung umzusetzen.

Gebaute Form, gestalteter Raum sind Ausdruck einer Idee, Mittler einer Botschaft, die sich aus dem Wesen einer Bauaufgabe ableitet.

Ökonomische Rechnungen gehen erst dann auf, wenn die Frage des anzustrebenden Nutzens anders, nicht auf das Erzeugnis „Haus" und seine Rentabilität, sondern im Blick auf den Reproduktionsprozeß der Stadt als Ganzes und ihren Kulturwerten umfassend gestellt wird.

Baukunst ist keinesfalls entbehrliche dekorative Zutat, sondern die Art und Weise des kulturellen Anspruchs, notwendig im Konzeptionellen wie im Detail, unentbehrlich für anspruchsvolle Gesellschaftsbauten in gleicher Weise wie für die alltägliche Arbeits-, Wohn- und Lebensumwelt.

Architektur hat zum Inhalt, dem Leben Raum

zu geben, das Leben selbst mitzugestalten, auf Künftiges hinzuwirken in der Auseinandersetzung mit dem heute Möglichen. Das ist zugleich ihre kritische Komponente, und die produktive Lösung dieses Widerspruchs macht die soziale Chance ihrer künstlerischen Entwicklung aus.

Weil sich unser Leben mit seinen vielen Wünschen und Erfahrungen neue Freiheiten erkämpft hat, schöpfen lebendige städtebauliche Raumbildung und architektonische Gestaltform aus vielen Quellen: Auf natürliche Weise werden damit die Gesetzmäßigkeiten einer Stadtgestaltung in Poesie und Vielfalt, Vielschichtigkeit, Anmut und Komplexität mit historischer, urbaner – mit humanistischer Grundhaltung heutiger und künftiger Entwicklung ein Stück Alltagskultur fördern helfen.

Bauen muß wieder Gestaltfindung und Raumbildung werden -
ein Medium, das kulturell Erreichtes transformiert
und darüber hinausgeht.

Architektur muß wieder lesbar, deutbar,
bedeutungsvoll und anspielend sein.

Andererseits muß poetisches Verständnis
wieder entwickelt werden.

Bauen wird wieder zur Architektur,
wenn es die Erinnerung an die Vergangenheit in sich trägt.

———

Bauen muß an Vorhandenem
anschließen,
heißt Auseinandersetzung
mit dem Vorgefundenen -
sei es die Topographie
unberührter Natur -
oder vorgefundenes Stadtgefüge.
Das erfordert
einen reichen Erfahrungsschatz
von Ausdrucksformen
und Wahrnehmungsmöglichkeiten
sowie das Gespür für Identität
einer inneren Entsprechung.

Die Moderne wollte den entschiedenen Bruch mit der Geschichte,
wollte sich nicht an dem Vergangenen orientieren.
Die Geschichte wurde
mit objektiver Notwendigkeit wiederentdeckt.
Identifikationswirkung entwickelt sich dort am besten,
wo sie in der Kontinuität der Überlieferung steht,
auf vertrauten Grundlagen beruht.

————

Kulturelle Bindung und Freiraum für Phantasie,
Erfüllung menschlicher Bedürfnisse, Geborgenheit,
Selbstdarstellung und Identität erfüllen den Anspruch
an die Fähigkeit zum Wandel,
zur Gestaltung abwechslungsreicher Lebensräume,
ermöglichen gebaute Zeugnisse der Geschichte
und des heutigen Zeitverständnisses.

———

Wie läßt sich Wesentliches bewahren;
wie kann man es anders nutzen,
um es besser bewahren zu können?
Wie läßt sich der Gefahr begegnen, austauschbar zu werden;
wie läßt sich Wiedergewinnung von Identität befördern?

Wesentlich ist die Eigenständigkeit
der architektonischen Lösung.
Dabei gilt soziale Gerechtigkeit
ebenso im Materiellen wie im Visuellen -
als urbane Umwelt und sozialen Lebensraum.

———

In welchem Maß ist es Berlin
als europäische Großstadt gelungen,
unter den neuen veränderten gesellschaftlichen Bedingungen
Identität, kulturelle Integrationsfähigkeit
und Stadtkultur zu verkörpern?

Noch immer ist der Stadtgrundriß
das konstante Element der Stadt.
Jähe Brüche sind hier nicht verantwortbar - aber
bei allem Festhalten und Bewahren des Charakteristischen
liegt es im Wesen der Stadtentwicklung,
behutsam und mit Bedacht
neue tragfähige Fortschreibungen einzubringen.

———

Wie kann man im architektonischen Ausdruck
stärker auf örtliche Baukultur eingehen
und zugleich aufgeschlossen
auf überregional gültige Entwicklungstendenz reagieren?
Wie läßt sich die Geschichte unserer Stadt
in ihren Bauten erhalten und zugleich ständig fortschreiben, weil Stadtentwicklung und -erneuerung
ein ständiger dynamischer und schöpferischer Prozeß ist.

———

Wesentliche Qualitätsmerkmale,
die sich folgerichtig
aus der Eigenständigkeit
einer Bauaufgabe ableiten,
sind Schlüssigkeit, Stimmigkeit und
Sinnfälligkeit.

Das Gesicht unserer Stadt
wird bestimmt von der Atmosphäre
der Straßen, Plätze und Winkel,
Abschlüsse und Durchblicke
- vom Pflaster
und von der Dachlandschaft.
Dazu zählt auch
die Bewahrung und Pflege
des ererbten Kulturgutes,
seine lebendige Beziehung
zu den Aufgaben der Gegenwart.

Architektur muß den Anspruch erheben und behaupten,
das zu bleiben, was sie immer gewesen ist: Baukunst.
Was für die Vergangenheit uneingeschränkt gilt,
scheint für die Gegenwart vorbei zu sein –
daß die Kultur der einzelnen Epochen
wesentlich von ihrer Architektur geprägt wurden,
Zeugnis ihrer Geschichte war.

———

Die Entwicklung der Baukunst ist ein großer Lehrmeister.
Die Geschichte der Architektur bedeutet mehr
als ein sentimentaler Rückblick in die Vergangenheit.

———

Gestalt ist Ausdruck einer Idee, einer Botschaft -
und sicher, das belegt die Vergangenheit,
gibt es nicht nur eine gültige Bauweise,
sondern führen die vielen Quellen
zu einem lebendigen Nebeneinander
unterschiedlicher Formen.

———

Wir beschäftigen uns mit Orten,
mit denen sich viele Erinnerungen,
Kämpfe und Hoffnungen verbinden.
Im Prozeß der Entwicklung
tragen wir für kurze Zeit die Verantwortung.
Die folgende Generation soll dieses
uns anvertraute Erbe ohne substantielle Verluste übernehmen.
Fragen wird man nach unserem eigenständigen, fortführenden
und ergänzenden Beitrag.

———

Architektur ist nicht hinzugefügter kultureller Luxus
für einen zusätzlichen Aufpreis;
sie formt Raum für menschliches Leben und gestaltet mit.
Baugestaltung ist auch eine soziale Kategorie.

———

Der Reichtum unseres Kontinents liegt zweifellos
in seiner einzigartigen kulturellen Dichte und Vielfalt.
Bauen ist ein wesentlicher Teil dieser Kultur,
davon zeugt ein reiches architektonisches Erbe.

———

Baugeschichte und -kultur bilden
einen reichen Vorrat
an Schöpfertum
und struktursichernde
kulturelle Kontinuität,
nicht als Motivsammlung
für Nachnutzungen,
sondern als Möglichkeit
einer architektonischen Kultur.

*Im Verlauf der Jahrhunderte Gedachtes und Gebautes
ist von hoher Bedeutung für heutiges Bauen.*

Bauen in der Innenstadt
heißt Erhaltung
bewahrungswerter
Bausubstanz
hinsichtlich der kulturellen
Bedeutung
der Innenstädte
als Träger von Stadtgeschichte
und Baukultur.

Einfache Bedarfserfüllung ohne Bezug zur Baukultur
ist auf Dauer unsozial und teuer.
Bauwerke, die nicht unsere Sinne ansprechen,
werden nicht die Herzen der Menschen gewinnen.
Die Würde des Menschen wird beeinträchtigt,
wenn beim Bauen nicht Kreativität und Ausdrucksfähigkeit
zum kulturellen Substanzgewinn beitragen.

———

Mit der Erhaltung und Freilegung
des überlieferten Bestandes und dessen Fortsetzung
in der Sprache der Gegenwart
gewinnt die Stadt als Zeitzeugnis
die Offenheit gegenüber neuer Geschichte
in ihrer nationalen Eigenart und europäischen Kultur.

Eine humanistische Architektur komplementärer Gegensätze,
geschichtlicher und urbaner Bezüge
mit zeitgenössischen Gestaltmitteln
auf poetische Weise fortschreiben
verkörpert die Fähigkeit einer Gesellschaft,
sich baulich darzustellen;
ihre Kultur und Lebensqualität mittels Architektur
weiter auszuprägen;
Wert- und Zielvorstellungen zu befördern.

———

Stadtentwicklung und -erneuerung
erfordert ein kritisches Bewußtsein des Stadtbauers
nicht im Blick auf einen erstrebenswerten Endzustand,
sondern als Handlungsrahmen
für eine Vielzahl geplanter und nicht vorhersehbarer Vorgänge.

———

ISBN 3-345-00417-8
© Verlag für Bauwesen GmbH 1991
1086 Berlin
Französische Straße 13/14
VLN 152
Printed in Germany
Gesetzt aus: Janson-Antiqua
Gesamtherstellung: Märkische Verlags- und Druck-Gesellschaft mbH Potsdam
Lektor: Renate Marschallek
Gesamtgestaltung: Astrid Güldemann